# UNIVERSIDADES SOB A MIRA DO ÓDIO

Editora Appris Ltda.
1.ª Edição - Copyright© 2024 da autora
Direitos de Edição Reservados à Editora Appris Ltda.

Nenhuma parte desta obra poderá ser utilizada indevidamente, sem estar de acordo com a Lei nº 9.610/98. Se incorreções forem encontradas, serão de exclusiva responsabilidade de seus organizadores. Foi realizado o Depósito Legal na Fundação Biblioteca Nacional, de acordo com as Leis nos 10.994, de 14/12/2004, e 12.192, de 14/01/2010.

Catalogação na Fonte
Elaborado por: Dayanne Leal Souza
Bibliotecária CRB 9/2162

| | |
|---|---|
| L284u<br>2024 | Langnor, Carolina<br>Universidades sob a mira do ódio / Carolina Langnor. – 1. ed. – Curitiba: Appris, 2024.<br>181 p. : il. color. ; 23 cm. – (Coleção Educação, Tecnologias e Transdisciplinaridades).<br><br>Inclui referências.<br>ISBN 978-65-250-6162-7<br><br>1. Educação. 2. Ensino superior. 3. Universidades públicas. 4. Democracia. 5. Gênero e sexualidade. 6. Precariedade. 7. Pânico moral. 8. Fanatismo. 9. Fundamentalismo. I. Langnor, Carolina. II. Título. III. Série.<br><br>CDD – 378.81 |

Livro de acordo com a normalização técnica da ABNT

# Appris editora

Editora e Livraria Appris Ltda.
Av. Manoel Ribas, 2265 – Mercês
Curitiba/PR – CEP: 80810-002
Tel. (41) 3156 - 4731
www.editoraappris.com.br

Printed in Brazil
Impresso no Brasil

Carolina Langnor

# UNIVERSIDADES SOB A MIRA DO ÓDIO

*Appris editora*

Curitiba, PR
2024

# FICHA TÉCNICA

| | |
|---|---|
| EDITORIAL | Augusto Coelho |
| | Sara C. de Andrade Coelho |

COMITÊ EDITORIAL

Ana El Achkar (Universo/RJ)
Andréa Barbosa Gouveia (UFPR)
Antonio Evangelista de Souza Netto (PUC-SP)
Belinda Cunha (UFPB)
Délton Winter de Carvalho (FMP)
Edson da Silva (UFVJM)
Eliete Correia dos Santos (UEPB)
Erineu Foerste (Ufes)
Fabiano Santos (UERJ-IESP)
Francinete Fernandes de Sousa (UEPB)
Francisco Carlos Duarte (PUCPR)
Francisco de Assis (Fiam-Faam-SP-Brasil)
Gláucia Figueiredo (UNIPAMPA/ UDELAR)
Jacques de Lima Ferreira (UNOESC)
Jean Carlos Gonçalves (UFPR)
José Wálter Nunes (UnB)
Junia de Vilhena (PUC-RIO)

Lucas Mesquita (UNILA)
Márcia Gonçalves (Unitau)
Maria Aparecida Barbosa (USP)
Maria Margarida de Andrade (Umack)
Marilda A. Behrens (PUCPR)
Marília Andrade Torales Campos (UFPR)
Marli Caetano
Patrícia L. Torres (PUCPR)
Paula Costa Mosca Macedo (UNIFESP)
Ramon Blanco (UNILA)
Roberta Ecleide Kelly (NEPE)
Roque Ismael da Costa Güllich (UFFS)
Sergio Gomes (UFRJ)
Tiago Gagliano Pinto Alberto (PUCPR)
Toni Reis (UP)
Valdomiro de Oliveira (UFPR)

| | |
|---|---|
| SUPERVISORA EDITORIAL | Renata C. Lopes |
| PRODUÇÃO EDITORIAL | Daniela Nazario |
| REVISÃO | Pâmela Isabel Oliveira |
| DIAGRAMAÇÃO | Andrezza Libel |
| CAPA | Eneo Lage |
| REVISÃO DE PROVA | Alice Ramos |

## COMITÊ CIENTÍFICO DA COLEÇÃO EDUCAÇÃO, TECNOLOGIAS E TRANSDISCIPLINARIDADE

DIREÇÃO CIENTÍFICA  **Dr.ª Marilda A. Behrens (PUCPR)**    **Dr.ª Patrícia L. Torres (PUCPR)**

CONSULTORES

Dr.ª Ademilde Silveira Sartori (Udesc)

Dr. Ángel H. Facundo
(Univ. Externado de Colômbia)

Dr.ª Ariana Maria de Almeida Matos Cosme
(Universidade do Porto/Portugal)

Dr. Artieres Estevão Romeiro
(Universidade Técnica Particular de Loja-Equador)

Dr. Bento Duarte da Silva
(Universidade do Minho/Portugal)

Dr. Claudio Rama (Univ. de la Empresa-Uruguai)

Dr.ª Cristiane de Oliveira Busato Smith
(Arizona State University /EUA)

Dr.ª Dulce Márcia Cruz (Ufsc)

Dr.ª Edméa Santos (Uerj)

Dr.ª Eliane Schlemmer (Unisinos)

Dr.ª Ercilia Maria Angeli Teixeira de Paula (UEM)

Dr.ª Evelise Maria Labatut Portilho (PUCPR)

Dr.ª Evelyn de Almeida Orlando (PUCPR)

Dr. Francisco Antonio Pereira Fialho (Ufsc)

Dr.ª Fabiane Oliveira (PUCPR)

Dr.ª Iara Cordeiro de Melo Franco (PUC Minas)

Dr. João Augusto Mattar Neto (PUC-SP)

Dr. José Manuel Moran Costas
(Universidade Anhembi Morumbi)

Dr.ª Lúcia Amante (Univ. Aberta-Portugal)

Dr.ª Lucia Maria Martins Giraffa (PUCRS)

Dr. Marco Antonio da Silva (Uerj)

Dr.ª Maria Altina da Silva Ramos
(Universidade do Minho-Portugal)

Dr.ª Maria Joana Mader Joaquim (HC-UFPR)

Dr. Reginaldo Rodrigues da Costa (PUCPR)

Dr. Ricardo Antunes de Sá (UFPR)

Dr.ª Romilda Teodora Ens (PUCPR)

Dr. Rui Trindade (Univ. do Porto-Portugal)

Dr.ª Sonia Ana Charchut Leszczynski (UTFPR)

Dr.ª Vani Moreira Kenski (USP)

*Ao Vitor e ao Josias.*

# AGRADECIMENTOS

A publicação deste livro só foi possível pelo acontecimento das relações à minha volta, pessoas que me motivaram de diferentes maneiras e em momentos decisivos de minha vida.

Agradeço ao Josias, Vitor e Katniss, que, na partilha de nossa vida comum, têm sido meu suporte e estímulo constante em minhas realizações profissionais e pessoais. À Léia, à Mônica e à Isabela, pelo carinho e apoio em todo tempo e especialmente para este projeto. Ao Paulo Assunção, por me incentivar a publicar este livro quando essa era ainda uma ideia distante. À Beatriz Valeria Araújo, pela sua companhia perspicaz e valiosa em minhas muitas travessias subjetivas. À Mariani Viegas da Rocha, à Karina Veiga Mottin, à Dayana Brunetto, ao Daniel Verginelli Galantin, à Fernanda Bertuol e à Thaís Adriane Vieira de Matos, pelas amizades construídas na academia e nutridas ao longo dos últimos anos em encontros que sempre enriqueceram minhas percepções intelectuais, éticas e políticas. Aos demais docentes, pesquisadoras e pesquisadores do Labin-UFPR/CNPq: ao André de Macedo Duarte, à Maria Rita de Assis César, à Angela Couto Machado Fonseca, à Jasmine Moreira, à Cassiana Lopes Stephan, à Amanda da Silva, à Priscila Piazentini Vieira e à Marcielly Moresco, bem como aos e às docentes e colegas da linha Diversidade, Diferença e Desigualdade na Educação — grupo e linha de pesquisa que agregam pessoas de diferentes trajetórias de pesquisa e de vida, com as quais tive ricas experiências de aprendizado e que fizeram parte da minha formação e de meu percurso intelectual como pesquisadora na Universidade Federal do Paraná.

*E essa visibilidade que nos torna mais vulneráveis é
também a fonte de nossa maior força.*

*(Audre Lorde)*

# APRESENTAÇÃO

Os contornos da guerra cultural promovida pelo movimento político de extrema-direita atual indicam que essa é uma guerra à intelectualidade sem, contudo, dispensá-la do processo. Se compreendermos intelectualidade como liberdade do pensamento a partir de um horizonte democrático, seria possível afirmar que a agenda desse movimento é anti-intelectualista e anticiência. Mas, se pensarmos a questão pelo prisma de uma disputa pelo campo da esfera pública, o que podemos concluir é que o que as narrativas autoritárias reclamam para si é justamente uma outra forma da intelectualidade e uma outra ciência. Não há um desprezo intrínseco por elas. Ao contrário disso, elas são pivotais para a formação e consolidação política desse movimento. Seu ponto de recusa, dessa maneira, não é a ciência ou a intelectualidade, mas a universidade pública e o que essas instituições representam como possibilidades de abertura às práticas democráticas.

As universidades públicas, em suas características contemporâneas, têm permitido não apenas conservar alguns princípios da democracia, mas, a partir de novas experiências no interior dessas instituições, expandir os seus significados. Desse modo, é o modelo de universidade pública brasileira que se torna o alvo referenciado; o lugar que marca o campo de disputas. Essas instituições se tornaram objeto de ódio e ressentimento desse movimento pelo que elas representam. Na mesma medida, elas se revelam como seu objeto de desejo ao se idealizá-la como parte de sua maquinaria arbitrária de controle social e reordenação de regimes de verdade.

Por meio de uma perspectiva religiosa e autoritária, a definição de intelectualidade para esse movimento consiste na reconfiguração de toda dimensão da análise política e da normatividade social. Nem mesmo a teologia, enquanto modalidade aberta do pensamento, poderia coexistir com as teorias fanatizadas de sua guerra cultural. Além disso, as teorias feministas e os estudos de gênero têm sido uma preocupação central para essa agenda, uma vez que a legitimação da misoginia e da LGBTIfobia são fatores fundantes de estabilidade e coerência ao movimento. Da mesma forma, a legitimação do racismo surge como um organizador identitário-cultural, propondo uma nova mitologia às massas.

Tal reordenamento social reacionário — que busca a ressignificação e anulação do aparecimento público da precariedade — se concretizaria somente a partir da supressão de toda produção intelectual e ação política sustentadas por ideais democráticos. Desse modo, na "guerra cultural" a precariedade não poderia ser performatizada. Em outras palavras, os marcadores da precariedade não deveriam ter o direito de aparecer na esfera pública. A guerra cultural se estabelece então na tentativa de refundar a cultura nacional a partir de uma ideia individual e privatizável de debate público, apagando e subvertendo todos os referenciais de inteligibilidade comum que possam confrontar ideais autoritários. Esse é o projeto intelectual aos moldes do fanatismo.

Em um mundo onde não podemos mais aterrar (LATOUR, 2020), instituições como as universidades públicas podem se configurar como um espaço comum, onde pontos de vista se encontram, se associam, se estranham e "aparecem" (ARENDT, 2007) uns para os outros, em escala local e global. Mas a outra dimensão do fato de que não temos onde aterrar é que a universidade pública foi compreendida pela lógica autoritária como um território a ser conquistado e dominado. Esse é um dos efeitos da crise democrática do nosso tempo, em que o pânico moral se manifesta, informando ao fanatismo que é preciso sitiar o senso comum, marcar os corpos e definir quem somos e quem não podemos ser.

Em seu significado político contemporâneo, e diante de crises políticas, as universidades assumiram o papel de baliza social, elas são indicadores diagnósticos de práticas democráticas ao mesmo tempo que elas guardam as potencialidades de resistência contra os elementos desdemocratizantes do presente. A noção de universidade pública do século XXI se tornou ela mesma a medida do quanto a precariedade pode aparecer ou não no debate público. Essas instituições são hoje uma ferramenta de análise política indispensável que nos informa o quanto nossas práticas discursivas estão próximas ou distantes do autoritarismo.

**A autora**

# LISTA DE SIGLAS

| | |
|---|---|
| Abraleite | Associação Brasileira dos Produtores de Leite |
| Andes | Sindicato Nacional dos Docentes Das Instituições de Ensino Superior |
| Andifes | Associação Nacional dos Dirigentes das Instituições Federais de Ensino Superior |
| CPI | Comissão Parlamentar de Inquérito CPI |
| Crusp | Conjunto Residencial da Universidade de São Paulo |
| Fies | Fundo de Financiamento Estudantil |
| IES | Instituto de Ensino Superior |
| Inaf | Indicador de Alfabetismo Funcional |
| Iseb | Instituto Superior de Estudos Brasileiros |
| LDB | Lei de Diretrizes e Bases da Educação Nacional |
| LGBTI | Lésbicas, Gays, Bissexuais, Travestis, Transexuais e Pessoas Intersexo |
| MBL | Movimento Brasil Livre |
| MEC | Ministério da Educação |
| OCDE | Organização para a Cooperação e Desenvolvimento Econômico |
| OECD | Organisation for Economic Co-operation and Development |
| ONU | Organização das Nações Unidas |
| Prouni | Programa Universidade para Todos |
| Reuni | Reestruturação e Expansão das Universidades Federais |
| SBU | Sociedade Brasileira de Urologia |
| Sesc | Serviço Social do Comércio |
| STF | Superior Tribunal Federal |
| TFP | Sociedade Brasileira de Defesa da Tradição, Família e Propriedade |
| UFPR | Universidade Federal do Paraná |
| UFSC | Universidade Federal de Santa Catarina |

| UnB | Universidade de Brasília |
| USP | Universidade de São Paulo |

# SUMÁRIO

INTRODUÇÃO .................................................... 17
CONSERVADORISMO OU REACIONARISMO? — SITUANDO OS TERMOS.... 23
AGENTES VEICULADORES DAS NARRATIVAS ............................28
OS CAPÍTULOS DESTE LIVRO .................................................31

## 1

UNIVERSIDADES E A PRECARIEDADE: ARENAS NARRATIVAS........ 35
A CRISE POLÍTICA NA AMÉRICA LATINA — O PROBLEMA DAS REDES....... 40
ENTRE DOUTOS E ANALFABETOS .............................................49
PAULO FREIRE, O TEMIDO ...................................................61

## 2

UNIVERSIDADES E A GUERRA CULTURAL: LINGUAGENS DO
FANATISMO ................................................................73
TRANSCENDÊNCIA E RESSENTIMENTO COMO LINGUAGEM — A OUTRA
VERDADE..................................................................80
DOS PORÕES PARA A SACRISTIA ............................................90

## 3

PELOS HOMENS DE BEM: GÊNERO, RAÇA, UNIVERSIDADES E O
PÂNICO MORAL ...........................................................103
À PROCURA DA VIRILIDADE...............................................109
RETÓRICAS REPAGINADAS PARA O ANTIQUADO PÂNICO MORAL........119
GO TO HELL — BRUXAS, POLEMISTAS E OS PRESSÁGIOS DE 2017 .........126

## 4

UNIVERSIDADES, DEMOCRACIA E O DIREITO DE APARECER: A
ESFERA PÚBLICA EM DISPUTA............................................133
A EDUCAÇÃO AUTORITÁRIA — A FORMAÇÃO DOS NOVOS GOVERNANTES
DA TERRA.................................................................133
NEOLIBERALISMO E A PEDAGOGIA NIILISTA: A DESSUBLIMAÇÃO
REPRESSIVA INSTRUMENTALIZADA .......................................140
UNIVERSIDADES PÚBLICAS E A DISCUSSÃO CRIADORA — É PRECISO
RESISTIR À FARSA.........................................................148

UMA UNIVERSIDADE-POLIS................................................154

REFERÊNCIAS..........................................................159

ÍNDICE REMISSIVO....................................................175

# INTRODUÇÃO

Com a expansão do ensino superior brasileiro, a partir de políticas afirmativas e do fomento à tríade universitária — ensino, pesquisa e extensão —, as universidades brasileiras experimentaram nas últimas duas décadas um período de ampliação de sua estrutura e vocação institucional[1]. Essa nova simbologia política atribuída a essas instituições, a da democratização e ampliação de sua função social, teve como um de seus efeitos o aumento do acesso de populações historicamente excluídas dessa modalidade da educação. A questão do acesso e permanência nas universidades trouxe para o centro do debate público a ideia de que populações historicamente subalternizadas — mulheres, pessoas negras, LGBTI+[2], migrantes, com deficiência, de diferentes etnias e de classes sociais economicamente desfavorecidas — necessitavam de políticas específicas que garantissem tanto uma educação de qualidade quanto sua integração plena na vida comunitária e acadêmica, livre de violências e discriminação.

Essas transformações sociais nas universidades brasileiras passaram tanto pela diversidade dos corpos que circulam nas instituições quanto pelo *corpus* de suas pesquisas. Entretanto, com a crise política que se instaurou em meados de 2016, o país viu emergir movimentos políticos que passaram a contestar a legitimidade daqueles novos trânsitos. As instâncias de questionamento que se abriram por meio de disputas de narrativas fizeram da universidade pública um tema de grande interesse popular, fazendo proliferar convicções de campos ideológicos que desafiam as bases democráticas para a educação superior pública.

---

[1] Além de programas como o Programa Universidade para Todos – ProUni, Lei n. 11.096 de 2005, a expansão para a rede de instituições federais de educação superior se deu principalmente por meio do Programa de Apoio a Planos de Reestruturação e Expansão das Universidades Federais – Reuni, em decreto presidencial n. 6.096, de 24 de abril de 2007, com a proposta de aumentar o número de estudantes de graduação em universidades federais e elevar gradualmente a taxa de conclusão dos cursos de graduação para 90% (BRASIL, 2007).

[2] Por ora, em minhas pesquisas, tenho optado pelo uso dos termos LGBTI ou LGBTI+ ao invés das versões mais longas da sigla. Essa questão me foi levantada por Dayana Brunetto, que alertou acerca de uma disputa, ainda em aberto, sobre o tema. A sigla LGBTI representa a consolidação de uma série de avanços sociais que foi elaborada a partir de um histórico de lutas por políticas públicas específicas dos movimentos sociais de lésbicas, gays, bissexuais, travestis, transexuais e mais recentemente por pessoas intersexo, sendo que a sigla LGBT foi votada e referendada em conferências nacionais. O "I", de intersexo, foi inserido devido à recente mobilização política de pessoas intersexo por políticas públicas específicas. A pluralidade das demais iniciais presentes em diversas siglas se refere, não raras as vezes, a reivindicações de existências dissidentes das normas, mas que não necessariamente buscam políticas públicas específicas. Na tentativa de se operar o mais inclusivamente possível, a sigla pode ser utilizada de forma inadequada, sendo apropriada por demandas diversas e distintas, inclusive daquelas que procuramos questionar (BRUNETTO, 2020).

Nos últimos anos, um volume considerável de argumentos produzidos por agentes de diferentes setores da sociedade — personalidades políticas, corporativas, religiosas e midiáticas — passou a imputar às universidades públicas uma espécie de prejuízo irrevogável à sociedade. Pelo prisma de sua ideologia, as universidades brasileiras estariam contaminadas por uma nocividade de ordem moral. E, para saná-las, seria então preciso instaurar uma "guerra cultural"[3], idealizando, a partir de sua ruína, uma nova universidade — uma universidade que pudesse ser moralmente pura.

Nessa "guerra" moral por uma nova instituição ideologicamente aceitável, poderíamos supor que as universidades privadas também estariam incluídas na temática, principalmente no que diz respeito a uma postura curricular e organizacional. Afinal, uma extensa discussão sobre universidades e o ensino superior brasileiro teria que englobar ambos os setores, o público e o privado. No entanto é sobre o ensino público que a alegoria da calamidade social passou a ser construída, tornando a ideia de purificação da universidade brasileira a grande justificativa de um embate discursivo.

A maior parte dessas contestações emergentes se formou no centro de uma agenda política religiosa que, na tentativa de produzir discursivamente sua guerra cultural, passou a mediar narrativas que sugerem o completo colapso da categoria "universidade pública", buscando causar a ruptura dos seus significados contemporâneos, para só então transformá-la em algo supostamente livre de qualquer nocividade — algo como ruir para reconstruir, em um projeto diluviano. Por outro lado, o que esse *boom* narrativo em torno das universidades públicas colocou em evidência foi o importante significado político que essas instituições possuem para se pensar justamente o potencial de uma sociedade democrática. O surgimento e o acirramento de tal embate acabaram por revelar que, após a redemocratização do Brasil, a universidade pública se tornou uma baliza fundamental para se indagar sobre o quanto nossa sociedade contemporânea pode ou não sustentar a democracia e os valores democráticos, e o que, afinal de contas, nós entendemos por democracia.

Aquilo que é nomeado como o servir, o produzir, o custo, o valor, o povo e o país não são meras expressões indicativas da nossa língua, mas ideias permanentemente em disputa. Portanto, em se tratando do tema

---

[3] O termo "guerra cultural" ficou conhecido a partir da obra de James Hunt, *Cultural Wars: the struggle to define America*, que discute as dinâmicas históricas dos conflitos culturais estadunidenses (HUNT, 1991). No entanto, na perspectiva da reflexão crítica que proponho, busquei situar o termo "guerra cultural" a partir do sentido que ele recebe no contexto da produção de narrativas antidemocráticas contra as universidades públicas brasileiras.

universidade democrática, o debate — o que ela é ou o que ela deva ser — também se constituirá na disputa em torno da sua legitimidade social, uma disputa enunciativa permeada por relações de "poder-saber" (FOUCAULT, 2006, p. 223). E responder aos desafios educacionais do ensino superior, e de qualquer modalidade da educação, exige compreender que os significados em torno do próprio termo *democracia* devem ser pensados, não apenas como ideias e ideais de um povo, mas a partir dos corpos e pelos modos como estes vivenciam os gradientes de sua "precariedade" (BUTLER, 2015).

De acordo com Judith Butler, o conceito de precariedade deve abranger as experiências da vulnerabilidade socialmente produzida, sujeitas às dinâmicas das relações de poder. Para a autora, quando essas experiências da vulnerabilidade emergem na esfera pública, reivindicando esse espaço como legítimo para o seu aparecimento, a precariedade expõe precisamente que a ideia de democracia é uma noção em disputa. Quando a multiplicidade dos corpos em aliança reivindica suas pautas comuns, ela questiona na esfera pública quem pode, ou não, contar como parte de um povo.

Enquanto um conceito para se pensar as possibilidades e os limites da democracia, a precariedade oferece um campo de mediação entre pautas e vivências múltiplas que vai além da ideia de coalizão identitária. A política identitária encontra limitações diante do imperativo ético da coabitação no mundo, uma vez que vivermos em proximidade com as diferenças não se trata de uma escolha, e sim um a condição que denota nossa vulnerabilidade e codependência humanas. Vivermos juntos significa vivermos com e apesar de nossas diferenças. Nesse sentido, a precariedade é vivenciada de formas plurais e desiguais. Seu reconhecimento como condição compartilhada pelos movimentos sociais não busca uma superação da dependência mútua ou da condição comum da vulnerabilidade. Mas, ao lutarem contra a precariedade, esses movimentos reivindicam que a dependência e a vulnerabilidade se tornem experiências vivíveis (BUTLER, 2015, 2018).

Nesse sentido, no momento em que uma coletividade reivindica na esfera do debate público aquilo que lhe é socialmente negado, constitui-se ali o "aparecimento" dos sujeitos, demonstrando-se o caráter performativo da ação política e evidenciando a condição de vulnerabilidade da coexistência humana. A precariedade enquanto condição "ontológica-normativa" permite pensar a ação política como uma performatividade que pode promover caminhos não fundadores do "eu" encerrado em suas significações, em regime de coabitação, isto é, na relação com o outro (DUARTE, 2016).

O aparecimento da precariedade questiona qualquer noção universal de democracia que não reconheça nossa condição comum de vulnerabilidade e coexistência. Uma premissa base de democracia universal pretende afirmar que todas as pessoas deveriam receber igualmente o reconhecimento de suas existências, presumindo que as pessoas são igualmente reconhecíveis. Contudo Butler ressalta que, na perspectiva das relações de poder que produzem a precariedade, a esfera pública do reconhecimento não é automaticamente capaz de presumir que todas as pessoas sejam reconhecíveis. Esse é um campo regulado normativamente, em que alguns sujeitos são reconhecíveis, e outros, não. Desse modo, quando populações ininteligíveis para a esfera pública passam a ocupar espaços onde elas não seriam reconhecíveis do ponto de vista normativo, o aparecimento de sua existência e precariedade demanda, ao mesmo tempo, o reconhecimento de que essas populações têm o direito de reivindicar para si uma vida que seja vivível (BUTLER, 2015).

No decorrer de todo o século XX, a crescente demanda por uma noção de sujeito e de ideais democráticos universais foi pensada no sentido de que essas noções pudessem estar inter-relacionadas com modelos econômicos liberais na construção do Estado-nação[4] (BELLONI, 2008). Foi a partir de tais pressupostos que as instituições educacionais das sociedades contemporâneas passaram por diversos ajustes institucionais e discursivos, a fim de que pudessem englobar, portanto, demandas advindas dos movimentos sociais. É uma ideia muito recente a de que as universidades tenham o dever de serem organizadas para acolher as populações precarizadas em seus espaços[5]. Historicamente, as populações marginalizadas que estavam inseridas no meio acadêmico eram majoritariamente seus objetos de pesquisas, e não sujeitos integrantes da comunidade acadêmica. Nesse sentido, as universidades públicas brasileiras atuais se tornaram um experimento social fundamental para pensarmos como essas transformações discursivas vão além do questionamento da utilidade científica e econômica das

---

[4] O debate para a educação superior se voltava para o argumento de que a competição do mercado associada ao desenvolvimento do Estado-nação produziriam o progresso, o que produziria gradualmente a eliminação da irracionalidade da discriminação (BELLONI, 2008).

[5] No caso do Brasil, somente a partir da LDB/96, Lei de Diretrizes e Bases da Educação Nacional, de 1996, houve a consolidação de normativas voltadas para as questões da inclusão na educação básica e no ensino superior, uma discussão que já estava presente desde a Constituição de 1988. Contudo foi apenas no início da década seguinte à LDB/96 que ações afirmativas para a educação em nível superior se tornaram efetivas, a partir da lei 10.639 de 2003, que instituía, por exemplo, a obrigatoriedade do ensino de história e cultura afro-brasileira, conquista que se deu pela atuação do movimento negro. Também, em decorrência desses debates acerca das políticas afirmativas, algumas IES passam a adotar programas de cotas por iniciativa própria (BELLONI, 2008).

universidades, propondo uma reflexão central sobre o campo da educação na sua relação com os sujeitos da diversidade e o "aparecimento" público da precariedade (BUTLER, 2015), a qual se tornou cada vez mais evidente nas comunidades universitárias.

Com essa proposta de se construir uma análise dos contornos da produção das narrativas de ódio contra o ensino superior, não pretendo desvendar a universalidade dos sentidos, nem revelar a totalidade dos discursos. Mas, sim, elucidar quais são os elementos narrativos que viabilizaram as condições de produção e difusão de um discurso contemporâneo que defende a desmobilização das universidades públicas, dos movimentos sociais e das áreas das Humanidades, negando-lhes valor social e político. E, paradoxalmente, como essa mesma tentativa de desmonte institucional, por meio da difamação das lutas democráticas na relação entre universidades e os movimentos sociais, nos faz redimensionar a relevância política das universidades enquanto uma esfera pública para as práticas de resistência.

O argumento que apresento nesta obra é que, no processo de fortalecimento discursivo sobre a inclusão educacional de "todas as pessoas", as universidades brasileiras se tornaram um local público de reconhecimento das narrativas democráticas, em que a precariedade e a vulnerabilidade humana tornaram-se irremediavelmente expostas e discursivamente pertinentes à educação superior. Em contrapartida, grupos conservadores, reacionários e neoliberais, que se sustentam politicamente visando à constrição desse aparecimento, passaram a organizar propostas narrativas que pudessem deslocar essas reivindicações democráticas e, com isso, dar mais estabilidade e visibilidade aos seus próprios interesses políticos e econômicos. As racionalidades neoliberais e conservadoras, simpatizantes do movimento fundamentalista *Alt-right*[6] estadunidense e de outras ideologias autoritárias, não podem nem querem lidar com a vulnerabilidade e a precariedade dos corpos que hoje se manifestam no jogo de relações de poder-saber, pelo qual se decide quem pode ser parte integrante das universidades e nelas permanecer.

Do ponto de vista de agendas ideológicas autoritárias e desdemocratizadoras, a presença dos corpos vulnerabilizados e suas demandas coloca as universidades públicas brasileiras sob a forte suspeita de que haveria, a partir dessas instituições, uma decadência social em curso. Tais narrativas

---

[6] *Alt-right* ou *AltRight* é um termo utilizado na política estadunidense para nomear grupos da direita política que nas últimas décadas têm se apresentado como uma direita alternativa. Esses grupos se unem a partir de pautas conservadoras, nacionalistas, de supremacia branca e antidemocráticas. Eles têm coordenado a expansão da política de extrema-direita estadunidense para outros países ocidentais. Sobre o assunto, ver Benjamin R. Teitelbaum em *Guerra pela eternidade* (TEITELBAUM, 2020).

formam-se em torno da presunção de que as universidades brasileiras, e o ensino superior como um todo, necessitariam passar por uma revisão moral e econômica profunda de suas atividades, bem como a sua função social. Camuflados como agentes preocupados com o bom andamento das atividades intelectuais nas universidades, esses grupos autoritários consideram que o ensino superior público não seria um âmbito ideal para abarcar a precariedade. Por esse prisma, as populações precarizadas e suas pautas sequer poderiam pertencer às instituições a não ser pela via da constante supressão de suas demandas, resignadas à condição de segregadas, e não como força plural e transformadora.

Ademais, a postulação de uma revisão organizacional do ensino superior, defendida por esse movimento, tem se configurado como uma proposta de deslegitimização política voltada especificamente para as disciplinas das humanidades. Como parte de suas acusações, há a alegação de que as humanidades seriam disciplinas academicamente pouco legítimas e de benefícios duvidosos para a sociedade, tendo em vista seu baixo retorno financeiro. Supostamente, elas estariam contaminadas ideologicamente por "comunistas", "globalistas", "gayzistas" e tantas outras figuras inimigas que se posicionam contrariamente ao movimento conservador.

Tais tentativas de deslegitimação social das universidades acionaram o seguinte impasse: até que ponto ideais democráticos podem ou não encontrar suporte político a partir de uma noção de universidade pública? Esse é um cenário particularmente problemático quando se trata de definir quais são as populações e os saberes abarcados na ideia de promoção da educação para todas as pessoas. Se estamos discutindo o próprio viés democrático do ensino superior, quais referenciais intelectuais poderiam contribuir para essa discussão? É necessário reconhecer que perspectivas teóricas universalistas acerca do *demos* ou da democracia têm sido insuficientes para compreender as reincidências do autoritarismo politicamente organizado no mundo. Assim, as análises aqui apresentadas, a partir da pesquisa que desenvolvi, também estão inseridas nessa arena de batalhas discursivas e teóricas. E somente pôde constituir-se como investigação acadêmica a partir de dentro dessa arena, abandonando o universalismo raso e utilizando como instrumento epistemológico aquilo que Donna Haraway nomeou como um "olhar localizado" sobre o problema (HARAWAY, 1995).

Portanto, este estudo não busca esgotar todos os elementos e perspectivas que constituem a agenda do movimento autoritário. Não há pretensões de se formular uma resposta acabada sobre toda a pluralidade de questões que envolvem as narrativas do movimento autoritário que fazem da universidade pública brasileira sua adversária e objeto de injúrias. O que pretendi em minhas análises foi fazer emergir um "diagnóstico" do tempo presente, um diagnóstico inspirado nas reflexões de Foucault a respeito dos jogos de poder e seus regimes de verdade nessa disputa discursiva (FOUCAULT, 2014).

## CONSERVADORISMO OU REACIONARISMO? — SITUANDO OS TERMOS

Uma das ideias mais consensuais entre diferentes pontos de vista acerca das redes virtuais é a de que elas tiveram participação na instauração de uma crise democrática, crise essa que se tornou transnacional. As ações políticas coordenadas por esse movimento em vista da ruptura democrática, tanto no Brasil como em outros países, têm sido analisadas por diferentes campos acadêmicos e passaram a ser nomeadas — dentre várias definições que buscam pontuar ideologias, grupos e organizações políticas — como: conservadorismo, neoconservadorismo, reacionarismo, neopentecostalismo, anarcocapitalismo, militarismo, negacionismo, neofascismo, neonazismo, integralismo, chauvinismo, Tradicionalismo, perenialismo, *AltRight*, supremacia branca, patriarcalismo, totalitarismo.

Concordo com o pensamento de que cada um dos termos mencionados tem sua parcela de legitimidade e, portanto, todos eles contribuem de algum modo para a caracterização do movimento, o qual, a despeito de quase unificado, apresenta suas especificidades. As diferenciações no interior desse movimento se dão justamente pelo fato de que cada país tem contextos culturais próprios, que definem as possiblidades e limites da organização democrática, o que especifica os aspectos que o movimento de ideias autoritárias necessita desenvolver em cada engrenagem particular e local. No entanto, em um mundo tornado intrinsicamente globalizado e virtual, as diferentes figuras do reacionarismo e do conservadorismo, com suas identidades e especificidades, encontram meios propícios para formar alianças políticas em torno de pautas, estratégias e narrativas comuns.

São muitos os termos que podem definir os traços desse movimento, e, portanto, faz-se necessário assumir certa incerteza quanto aos termos marcadores da análise. Não sabemos como os estudos históricos do futuro darão conta das construções narrativas que se formaram em nosso tempo a partir dos efeitos da internet no tecido social. Tampouco podemos recorrer de forma segura àquilo que Hannah Arendt chamou de "afinidades"[7] com os estudos históricos anteriores para elucidar a contemporaneidade singular dos eventos de nosso tempo (ARENDT, 2000).

Por ser este um trabalho que visa dar conta do presente, apostando na desafiadora tarefa de compreender um cenário muito recente e historicamente não consolidado, busquei encontrar definições que fossem pertinentes para a análise das diferentes facetas do movimento que anuncia a crise democrática. Uma crise que, à primeira vista, manifesta contornos que não se configuram como uma tentativa de instaurar, de imediato, regimes de governo totalitários e tirânicos, mas que, antes, parecem delinear a figura de uma democracia que gradativamente se torna esvaziada de sentido, fragilizando as possibilidades das lutas por direitos, ou seja, uma "democracia sem *demos*" (DUARTE, 2020).

Nesse sentido, os termos que escolhi para nomear o movimento foram embasados nas demandas da própria análise das narrativas, em que alguns termos me pareceram estar próximos de uma definição mais acabada, levando em conta um recorte temporal e conceitual. As narrativas que analisei sugerem que o termo *conservadorismo* se aplica com mais consistência no campo moral das condutas, na preservação de ideias e costumes normativos. Do ponto de vista léxico, conservar implicaria em acionar referências passadas que ainda estariam ativas no tempo presente, em contraposição às perspectivas de mudança, de modo que tais referências morais deveriam ser conservadas e mantidas como socialmente normativas.

Na perspectiva do conservadorismo religioso cristão, por exemplo, o passado encontra sua função narrativa na medida em que se torna um referencial histórico para a manutenção e produção de discursos, mas isso não sugere necessariamente que se defenda uma volta ao passado, como se este devesse ser performaticamente reproduzido ou revisto no presente. O foco dessas narrativas está voltado para um projeto de futuro que se baseia na crença de um porvir gratificante aos que conservaram os valores cristãos do passado. Para o movimento neopentecostal, por exemplo, a manutenção de costumes normativos é uma preparação para um futuro revolucionário, seja no sentido de esperar pela volta do Cristo na Terra — o que resultaria em uma série de transformações inéditas sobre a vida — ou de esperar pela vida após a morte, em que as condutas e os valores devidamente resguardados e defendidos de perigos causados por opositores seriam o selo de

---

[7] Consultar em: ARENDT, Hannah. A Reply to Erich Voegelin. *In*: **The Portable Hannah Arendt**. Penguin Putnam Inc., 2000. p. 157-164.

aprovação para a entrada nos céus. A função que o passado opera, nesse caso, é pontual e oferece suporte para uma agenda contemporânea de ações políticas tendo em vista um futuro.

Quanto ao termo *reacionarismo*, este se aplica melhor às análises que evidenciaram uma agenda intelectual no interior do movimento, sendo esse o foco de análise desta pesquisa. São os intelectuais reacionários do movimento conservador que têm elaborado as bases da lógica autoritária que alicerçam as narrativas, e, por esse motivo, o tema do conservadorismo é também um assunto importante para compreendermos esse grupo político.

No entanto uma figura me chama a atenção entre os reacionários. O reacionário religioso. É ele quem se lança centralmente na tarefa de contestação do tempo presente, aquilo que se relatou do tempo, a partir dos resultados produzidos pela história. Ao propor uma analítica do progresso, que se tornou, em alguma medida, uma experiência social normativa, o reacionário religioso busca, do seu ponto de vista, resgatar discursivamente um ideal que falhou em seu projeto de conservação, seja essa idealização baseada em um passado real ou fictício.

De modo distinto do conservadorismo *tout court*, aquele preocupado em apenas conservar condutas e símbolos normativos, identifiquei que para o reacionarismo o passado é seu grande tema fundacional, e, portanto, esse é o seu campo discursivo. Os reacionários se debruçam sobre algo que se perdeu no passado e que necessitaria ser resgatado para poder ser vivido hoje, no tempo presente, sem se ater necessariamente à conservação de costumes normativos. Desse modo, o conservadorismo e o reacionarismo são mobilizados em motivações distintas que acionam propostas discursivas próprias, uma dinâmica que será abordada no capítulo dois do livro.

Propor essa diferenciação entre os termos, o reacionarismo e o conservadorismo, não significa negar que, em grande medida, as duas instâncias convergem quando falamos de um movimento político de extrema-direita que também é formado por outros elementos ideológicos. Contudo marcar as distinções entre eles pode explicar alguns paradoxos, revelando como é possível que existam condutas contraditórias dentro do mesmo grupo — por exemplo, quando agentes conservadores se unem politicamente a agentes que falam ou atuam de forma esteticamente revolucionária e nada conservadora, criando nessa aliança um discurso único em defesa daquilo que temos chamado de conservadorismo. Em outras palavras, a união de suas pautas centrais pode dar a aparência de que há uma unificação, contudo esse movimento de ideais autoritários pode se dividir quando observamos as suas agendas-fim. É por esse motivo, por exemplo, que dentro desses grupos é possível identificar narrativas reacionárias, simpatizantes ao neonazismo, coexistindo com narrativas de pautas cristãs e associadas à defesa do estado de Israel[8].

A partir das narrativas que analisei, pude identificar que as pautas de orientação reacionária mostram um interesse muito maior na disputa discursiva no intuito de ocupar o campo intelectual. Esse movimento — que pretende definir os contornos morais das universidades públicas e quem a ela pode pertencer — surge de uma agenda reacionária dotada de uma agenda científica própria, permeada de efeitos e reiterações de condutas conservadoras. Foi essa aliança política e conceitual entre diferentes grupos que resultou em um movimento reacionário-conservador.

O fortalecimento dessa união tem ocorrido majoritariamente nas plataformas de redes digitais. Por meio de seus canais de mídias sociais, os agentes comunicadores alegam possuir um compromisso com a verdade, um dever informativo forjado a partir da recusa dos meios institucionais de circulação e produção da informação, como a academia e a imprensa, colocando-se em disputa contra esses meios. A proposta desse intelectualismo reacionário é oferecer ares de legitimidade acadêmica às condutas conservadoras religiosas e a planos governamentais antidemocráticos, por meio de um regime de verdade que é, sobretudo, anticientífico.

Por serem entusiastas de um belo e rico passado, as premissas intelectuais do reacionarismo pretendem circular nas altas castas da cultura e da erudição. Ao reacionário caberia resguardar elementos históricos de grande valor para a vida social, portanto essa ideologia está fortemente vinculada aos meios de conservação do conhecimento acadêmico e cultural, que atualmente acontece em uma perspectiva mais globalizada. O movimento intelectual reacionário transnacional criou condições que permitiram veicular com mais velocidade as narrativas que compõem as condições para um levante antidemocrático em escala global. Associado às teorias conspiratórias e negacionistas, em um cenário de crises políticas, o movimento intelectual reacionário-conservador possibilitou aglutinar agendas políticas historicamente fracassadas, formando um campo comum do ressentimento e criando condições para dar lastro social às angústias das massas que se sentem destituídas de um lugar válido na história.

---

[8] Na perspectiva do movimento de extrema-direita brasileira, a presença de bandeiras de Israel em suas manifestações busca criar a simbologia de um alinhamento político-religioso entre os povos dos países na defesa da cultura judaico-cristã branca. Os capítulos dois e três do livro retomam o assunto de maneira mais expandida.

No encontro do reacionarismo e do conservadorismo com o fenômeno das mídias virtuais, em meio ao crescente compartilhamento de conteúdo nas redes sociais, adicionando-se a isso a consolidação da subjetividade neoliberal, a lógica reacionário-conservadora deu às massas de indivíduos atomizados um sentido histórico, inaugurou para elas a herança de um lugar mágico: trata-se de um Ocidente perdido, uma posição histórico-geográfica, uma origem e um passado, uma raça, uma cultura e um pertencimento na Terra (LATOUR, 2020). Por meio das mídias sociais, a massa é "informada" de uma verdade que supostamente lhe foi ocultada, na era em que ter "informação" — informação essa disponibilizada em uma rede de iguais — pode significar ter também uma identidade e um lugar no mundo.

Para além dos argumentos vindos de agendas conservadoras e reacionárias, também analisei as narrativas identificadas com os valores neoliberais. Estas propõem uma revisão discursiva sobre as universidades públicas que, novamente, abarca as questões da vulnerabilidade dos corpos precarizados no acesso e permanência nessas instituições. No contexto desta obra, foi imprescindível abordar a perspectiva do discurso neoliberal sobre o tema, já que as narrativas neoliberais e as narrativas reacionárias-conservadoras formam em seus campos discursivos alguns argumentos comuns a respeito de uma universidade pública que estaria em crise, corrompida, sendo, portanto, uma instituição socialmente indefensável. Mesmo que ambas as agendas políticas possam apresentar motivações diferentes, elas comungam da mesma estratégia que recusa o reconhecimento da dimensão política da precariedade, apostando na justificativa do perigo da desordem e do colapso social, caso suas pautas não sejam assumidas como políticas de governo.

Partindo da proposição de que a possibilidade de acesso e permanência de todas as pessoas nas universidades públicas é uma reivindicação democrática, pareceu-me pertinente indagar como e por que narrativas derivadas de vários campos discursivos, como o moral-religioso, o reacionário, o conservador e o econômico, se unem em um movimento a favor da ruptura com um tema que, aparentemente, defendem: a democracia. E se é verdade a suposição de que há uma defesa da democracia por parte desses campos discursivos, por que suas definições de democracia estão informadas por argumentos e narrativas que buscam barrar o acesso à universidade pública das populações precarizadas, vulneradas socialmente?

Noções antagônicas acerca do tema *universidade pública*, as quais ganharam força nesse debate, acionaram diversos campos de discussão como: a organização administrativa das instituições universitárias, o acesso, a qualidade do ensino e sua utilidade social. Tais questionamentos não são novidade para o campo educacional, e divergências sobre essas pautas alicerçam o próprio campo do debate na educação. Entretanto o que é inédito nessa disputa de argumentos é que alguns setores políticos conservadores e reacionários têm elaborado problemas e soluções a partir de quadros narrativos fechados, produzindo uma cisão discursiva sobre as universidades, contrapondo referenciais de compreensão acerca do próprio tecido social. Em outras palavras, essa cisão discursiva diz respeito aos modos de pensar sobre como podemos ou devemos coexistir – e qual é o papel da educação universitária nesse cenário.

## AGENTES VEICULADORES DAS NARRATIVAS

Por ser um tema de pesquisa extenso e muito atual, foi necessário elaborar alguns critérios para dar inteligibilidade acerca da formação das disputas narrativas em torno das universidades públicas e sua relação com a democracia, dando destaque à questão do aparecimento e visibilidade pública da precariedade. Considerei como *narrativa* um conjunto de enunciados orais ou escritos que, ao produzir significados sociais, se inserem em um determinado campo discursivo, reiterando o campo ao mesmo tempo que também podem modificá-lo.

O termo "narrativas" tem sido bastante utilizado para nomear algumas desavenças retóricas acerca do significado da democracia e tem se tornado um tanto comum no debate político até mesmo como uma forma depreciativa para desqualificar os discursos acionados entre diferentes posicionamentos partidários. Contudo o termo permanece acurado quando levamos em conta a sua definição mais simples. Uma narrativa é o produto do ato de narrar a experiência. Ela pode expressar, num conjunto de enunciados, o acontecimento de imagens, sensações, crenças, utopias, desejos, apreensões e distorções da realidade — em outras palavras, a subjetividade. Assim, esse é um termo preciso quando o que se pretende analisar é justamente a ficção que está sendo narrada na construção e manutenção de um movimento político. São as narrativas que evidenciam quais estórias são contadas e compartilhadas, a fim de engajar, mobilizar e legitimar coletivamente fantasias, ressentimentos ou esperanças. E, em casos mais destrutivos, seus medos.

O recorte que orientou a seleção das narrativas foi a constatação de que algumas delas apresentam o duplo argumento da recusa do agenciamento da democracia a partir das populações precarizadas nas universidades brasileiras, bem como a recusa da função social das universidades públicas brasileiras como instituições de promoção da cidadania de populações precarizadas. Uma lógica discriminatória, que se mostra coesa em seus processos explicativos, mas que também imputa coesão à performance dos agentes veiculadores do movimento. Desse modo, a seleção dos agentes[9] das narrativas também levou em conta sua relevância para o fortalecimento da lógica do discurso veiculado. Em outras palavras, o agente se torna relevante na medida em que afirma sua adesão à lógica coesa daquelas narrativas, tornando-se assim uma figura legitimadora das narrativas — um emissário da verdade.

Alguns agentes institucionais como ex-ministros e ex-funcionários de governo, figuras de apelo popular e representantes do poder público tiveram seus nomes mencionados no livro. Referenciar alguns desses agentes possibilita que as menções que fiz a eles contribuam de modo mais efetivo para o registro da história dos discursos contemporâneos. No entanto optei por nomear alguns agentes apenas como *influencer*, seguido de letras distintas para sinalizar uma diferenciação entre eles. O termo em inglês foi escolhido por sua popularização nas mídias sociais, o principal espaço de veiculação dessas narrativas. Além de ser um termo que já se tornou comum, *influencer* me possibilitou a não demarcação definitiva do gênero masculino ou feminino, ainda que no texto esses marcadores sejam, às vezes, perceptíveis.

Por meio da escuta atenta às narrativas, é possível identificar uma rede de canais digitais, interligados entre si, que divulgam quase que ao mesmo tempo narrativas muito similares e que promovem os mesmos *influencers* do movimento, criando assim seus próprios "ícones" internos, algo que se consolidou como um modo de operação nas redes digitais, independentemente do espectro político. No entanto um traço particular dessa rede de canais que me chamou a atenção foi a interconectividade de *influencers* que se apresentam para a sua plateia como orientadores intelectuais do movimento, e não meros apoiadores ou fãs. A maioria dos *influencers* reafirma à sua audiência suas credenciais, seu currículo profissional, na função de professores de ensino

---

[9] A descrição individual dos agentes (ou *influencers*) foi elaborada intencionalmente sem a flexão de gênero, embora em algum momento essa diferenciação possa aparecer ao longo do texto. Coletivamente, *as* e *os influencers* são descritos no gênero masculino por dois motivos: o primeiro é que o feminino ocupa uma função secundária e invisibilizada na ideologia do movimento, desse modo o masculino é o seu elemento marcador; e o segundo é que a presença de mulheres no papel de *influencer* impulsionadora das narrativas é muito reduzida. Os "ícones", os atores intelectuais do movimento, são homens brancos e heterossexuais, e mesmo as mulheres mais ativas do movimento se dedicam ao fortalecimento dessa figura masculina normativa. As dinâmicas de poder relativas ao gênero no movimento reacionário-conservador são discutidas de forma mais aprofundada nos capítulos dois e três do livro.

superior, professores da educação básica, psicólogos, clérigos, advogados e jornalistas. Em seus canais digitais, a audiência ouve a promessa de que ali ela obterá formação intelectual de alto nível, conhecimento histórico aprofundado e notícias relevantes atualizadas, em que a informação livre de qualquer viés político seria a proposta central dos/das influencers e seus canais. A venda de livros e cursos também é uma de suas atividades principais de divulgação. Desse modo, buscam obter renda por meio do mercado editorial, vendas de cursos on-line, por meio de eleições para cargos públicos, além dos ganhos financeiros com a audiência gerada em seus canais digitais.

Embora muitos textos em blogs e posts de canais digitais tenham sidos consultados para a seleção de narrativas, minha pesquisa também priorizou a seleção de vídeos de YouTube por ter uma ligação direta com os mecanismos de recomendação de algoritmos. Um outro aspecto é o fato de que há um grande investimento desse movimento político em produções audiovisuais que buscam conectar sua audiência de forma mais aproximada, promovendo sensações de realidade — as chamadas *lives*. Experimentadas em tempo real, as *lives,* ainda que, geralmente, disponíveis posteriormente no formato gravado, também podem promover a intensificação dos afetos. É necessário observar que o que estão sendo mobilizadas ali são as *nuances* desses afetos que compõem o desejo de criação de um regime de verdade.

O tema da virtualidade se fez imprescindível ao longo de toda a discussão apresentada neste livro, seja como meio de extração das várias narrativas ou como o próprio objeto de análise no contexto da crise democrática. A investigação dos conflitos sociais contemporâneos nos exige compreender os efeitos das interações que ocorrem de maneira virtual, isto é, quais efeitos subjetivos elas produzem sobre aqueles e aquelas que interagem pelas redes sociais, quais novas figuras da subjetividade são aí engendradas (CASTELLS, 2013; BUCCI, 2019; SANTAELLA, 2019).

As primeiras alegações entusiastas acerca das redes virtuais de interação previam o estreitamento das relações humanas, a velocidade da comunicação, a possibilidade de cada indivíduo ter o seu pequeno espaço público particular para dizer "tudo" o que pensa. Por esse prisma, a virtualidade representaria a possibilidade da ação positiva, no sentido da criação e expansão da experimentação do humano. Em contrapartida, essas engrenagens potencializaram conflitos, lacunas e ressentimentos.[10]

---

[10] Abordei o tema com maior atenção no capítulo um.

UNIVERSIDADES SOB A MIRA DO ÓDIO

Por essa razão, ao longo das análises, este trabalho não pretendeu dar ainda mais visibilidade aos canais que veiculam narrativas autoritárias, tendo em vista que o método de polemização que esses grupos virtuais promovem apenas contribui para a propaganda dos seus ideais. Assim, as leitoras e os leitores do livro não encontrarão em cada uma das narrativas analisadas menções diretas a respeito de quais agentes produziram quais narrativas autoritárias, com exceção daqueles que já são notoriamente conhecidos ou que ocuparam cargos públicos, como as falas de ministros da educação, personalidades institucionalmente vinculadas ao governo federal, ou demais declarações publicadas em canais de notícia que se tornaram assunto de domínio público.[11] A escolha por não dar ainda mais visibilidade a essa rede de *influencers* foi inspirada nos posicionamentos teóricos e políticos expostos na tese de doutorado de Adriana Abreu Magalhães Dias, "Observando o Ódio: entre uma etnografia do neonazismo e a biografia de David Lane" (DIAS, 2018). Em sua pesquisa, a autora evidencia como os grupos virtuais do ódio podem promover ações violentas concretas contra grupos ou pessoas que se opõem publicamente às suas ideias, tornando ainda mais publicizada a figura daqueles que buscam se projetar como porta-vozes desse tipo de discurso.

Por ser este um diagnóstico dos discursos de um movimento político ainda emergente, atentei-me à análise do que está sendo dito, como também quem é que está dizendo algo a partir de seu lugar de fala dentro do movimento, e não aos detalhes de uma biografia, ainda que ela possa oferecer complementos interessantes. Desse modo, a tarefa na qual me lancei ao longo das próximas páginas foi a de identificar o que Michel Foucault nomeou como um "regime de verdade" em operação, com atenção particular ao que as narrativas explicitamente dizem (FOUCAULT, 2014). Busquei compreender a lógica de suas verdades, visando encontrar, exatamente ali onde as falas dizem o que elas querem dizer, o que é produzido enquanto repetição e coesão dos sentidos, investigando quais são os campos discursivos acionados por elas.

## OS CAPÍTULOS DESTE LIVRO

Ao longo de quatro capítulos, o livro expõe diferentes perspectivas de um diagnóstico contemporâneo acerca das narrativas desdemocratizantes que têm sido produzidas sobre as universidades públicas e a sua relação com a precariedade.

---

[11] Alguns dos materiais que analisei foram recentemente considerados ilícitos pelo sistema judiciário brasileiro, tendo sido retirados das plataformas digitais. Os trechos que extraí desses materiais são parciais e não visam à propagação de suas ideias. Ao contrário disso, este trabalho pretende justamente elucidar como tais argumentos se evidenciam como criminosos e de caráter antidemocrático.

O capítulo um apresenta um panorama sintético das demandas históricas e contemporâneas sobre o acesso ao ensino superior no Brasil, evidenciando a necessidade de uma reflexão quanto às condições de exclusão educacional no país e o surgimento de narrativas antidemocráticas por meio das mídias digitais. Busquei analisar como as narrativas conservadoras e neoliberais fazem uso de fragilidades históricas do acesso à educação para popularizar argumentos que visam ao desmonte democrático das universidades, mobilizando ressentimentos e legitimando um descompromisso com a educação pública. São narrativas que, a partir dos engajamentos impulsionados pelos algoritmos das mídias digitais, potencializam os argumentos acusatórios que relacionam um certo elitismo acadêmico aos custos das universidades aos cofres públicos. Esse capítulo também trata da questão do analfabetismo funcional e dos posicionamentos de repúdio ao pensador e educador Paulo Freire.

O capítulo dois e o capítulo três compõem um conjunto de debates interligados, formando um panorama de como o fanatismo religioso da extrema-direita religiosa compreende o ensino superior público em seu projeto político de país. Nessa passagem entre os temas, busco apresentar uma genealogia sintética de como as narrativas mais fanatizadas que atacam a universidade pública passaram a construir pontes discursivas por meio do pânico moral, anunciando a suposta nocividade inerente às universidades e aos sujeitos da precariedade. Para esses capítulos, foram analisados argumentos anticientíficos, segregacionistas, LGBTIfóbicos, racistas e misóginos. A partir de sua lógica fundamentalista, foi possível compreender que há um projeto de sociedade do movimento reacionário-conservador e que ele aposta em uma tomada, ou uma colonização, das universidades públicas para viabilizá-lo.

O capítulo quatro coloca em discussão a perspectiva da aliança entre neoliberalismo e conservadorismo religioso na produção das narrativas de desdemocratização. Fomentadas pela racionalidade neoliberal, os discursos são incorporados pelo projeto autoritário, buscando definir não apenas uma ideia de universidade pública e ciência, mas também uma ideia peculiar acerca do que importa como um debate público. Por meio de uma relação de introjeção, a racionalidade neoliberal passa a ser uma racionalidade adaptável à ideologia religiosa autoritária, que faz da ideia de privatização seu elemento central na defesa de um projeto autoritário de formação educacional, de universidade pública, de ciência e de debate público. Por fim, esse capítulo também elabora, a partir da noção de Universidade-*polis*, uma breve discussão acerca das possibilidades democráticas para o ensino superior, para o campo das humanidades e para as pautas de resistência nessa modalidade da educação.

# 1

# UNIVERSIDADES E A PRECARIEDADE: ARENAS NARRATIVAS

> Se a democracia não exige igualdade absoluta, mas não pode sobreviver ao seu oposto, o mesmo é verdade para uma cidadania instruída. A democracia pode não exigir participação política universal, mas não pode sobreviver à ignorância total das pessoas sobre as forças que moldam suas vidas e delineiam seu futuro. (BROWN, 2015, s/p).[12]

As bolhas de compartilhamento de conteúdo impulsionadas pelas mídias sociais parecem ter criado um paradoxo. Quanto mais as pessoas têm a impressão de ter compreendido a realidade à sua volta por meio de uma maior interação virtual, mais suspeito é o mundo fora das bolhas, em constante dissonância com elas. Mais duvidoso ainda se tornou para elas o âmbito institucional da informação, como a ciência e a imprensa. Para Bruno Latour (2020), essa desconfiança generalizada resulta da percepção compartilhada de que as expectativas da modernidade de um progresso contínuo por um mundo comum falharam. Haveria entre nós a experiência da quebra da ilusão acerca dos planos de progresso da modernidade, estaríamos todas e todos vivendo a nítida sensação de que a continuidade da vida no planeta já não pode mais se alicerçar na crença de um futuro promissor para todas as pessoas.

Em seus processos históricos, a crise da modernidade sempre foi também uma crise de credibilidade. O estatuto da ciência, em sua validade e prestígio social — entendida na origem da modernidade como a principal promotora do processo civilizatório, aquela que iria libertar o *homem* da barbárie —, mostrou-se ineficiente diante das catástrofes produzidas pelas revoluções modernas. Somou-se à crise da credibilidade das verdades científicas o desgaste do liberalismo enquanto parâmetro econômico

---

[12] Tradução livre do trecho original: "If democracy does not require absolute equality, but cannot survive its opposite, the same is true of an educated citizenry. Democracy may not demand universal political participation, but it cannot survive the people's wholesale ignorance of the forces shaping their lives and limning their future" (BROWN, 2015).

e moral, uma vez que se mostrou pouco competente em dar sustentação às premissas democráticas, como evidenciaram as ditaduras anticomunistas do século XX.

Em uma entrevista no ano de 1977, Foucault levanta a discussão de que a preocupação intelectual do século XIX girava em torno da produção da miséria, sua relação com a criação da riqueza pela via da exploração operária. Acreditava-se que toda a questão do poder seria solucionada no combate às desigualdades geradas pelo acúmulo do capital. No entanto, a partir dos efeitos políticos de regimes como o stalinismo, o nazismo e o fascismo, em "seus excessos de poder", foi possível constatar que a discussão exclusivamente econômica se mostrava incompleta. Era preciso observar a distribuição desigual do poder e como ela está diretamente atrelada a produções do saber, estabelecendo, portanto, os regimes de verdade que governam as condutas humanas (FOUCAULT, 2012a). Nesse sentido, para Foucault, a "herança histórica" do século XX para sua geração de intelectuais propôs a tentativa de se compreender o poder em uma perspectiva que não o reduzisse aos esquemas econômicos, sendo preciso criar os instrumentos conceituais que pudessem apreender o fenômeno do poder em seus mecanismos (FOUCAULT, 2006, p. 225).

Na esteira dos argumentos de Foucault, talvez seja possível afirmar que as primeiras décadas do século XXI, a chamada "era da informação", nos ofereceram os indícios de um dos problemas mais relevantes deste tempo. Ou seja, o fato de que a problemática do poder tem se manifestado centralmente no campo informacional acaba por circunscrever os embates discursivos em torno de temas que concernem a legitimidade da produção e circulação de informações como estratégia principal de poder. Possivelmente, do ponto de vista de uma tarefa intelectual de reflexão, a herança histórica de nosso século acerca do poder seja a "crise epistêmica" (OLIVEIRA, 2020) revelada como um dos efeitos do neoliberalismo e que foi potencializada pelas mídias sociais. Mesmo diante das expectativas mais otimistas de que por meio da internet as pessoas tenham mais acesso a informações, buscando conhecer melhor sobre qualquer coisa e se tornando mais comprometidas com a realidade que as cerca — um dos ideais do Iluminismo —, o que vimos nas últimas décadas foi a proliferação de discursos negacionistas e de ódio, que resultaram no crescimento de grupos de supremacistas brancos (DIAS, 2018); teorias conspiratórias contra a ciência e as universidades; o medo de vacinas supostamente perigosas; e a crença de que condutas sexuais indefensáveis, como a pedofilia, podem se tornar uma política de Estado, caso o campo dos estudos de gênero e os movimentos feminista e LGBTI não sejam reprimidos. Nesse sentido, a crise epistêmica encontra relação direta com as formas de socialização da informação. Nas palavras de Castells,

> Para a sociedade em geral, a principal fonte da produção social de significado é o processo da comunicação socializada. [...] Assim, a mudança do ambiente comunicacional afeta diretamente as normas de construção de significado e, portanto, a produção de relações de poder. (CASTELLS, 2013, p. 15).

É primariamente no campo da elaboração e distribuição da informação, e não mais no campo da adesão a grandes projetos revolucionários, que o equívoco instrumentalizado — desinformação, pós-verdade ou *fake news*[13] – tem se tornado a estratégia central para a desestabilização política, sem que isso necessariamente implique a implementação de planos econômicos ou regimes de governo completamente novos. Desse modo, esse é um investimento de narrativas tecidas conjuntamente com as crises econômicas e governamentais. A desinformação em conteúdos fraudados torna-se o instrumento da desestabilização política, na mesma medida em que é também seu instrumento de manutenção, a fim de criar caminhos viáveis à implementação de políticas autoritárias que afirmam para si a luta pela democracia e pela liberdade.

Como ressalta Brown (2015), uma cidadania instruída não pode garantir a efetivação das práticas democráticas, mas a falta da instrução coloca a democracia em risco. O uso político da ignorância generalizada, propositalmente construída e distribuída via mídias digitais, parece ser a grande aposta ideológica autoritária para gerar a corrosão das premissas democráticas. A propagação sistemática de suas narrativas visa produzir seu próprio regime de verdade pela via da desinformação, e, para isso, é necessário que haja a recusa da ciência e da academia como instâncias minimamente dignas da confiabilidade para a produção de conhecimentos socialmente imprescindíveis. É preciso salientar, contudo, que não se trata de uma desconfiança crítica da ciência e da verdade, segundo o modelo que Foucault propôs, o da investigação da relação saber-poder, questionando os efeitos de poder por meio dos discursos de verdade (FOUCAULT, 2006)[14].

---

[13] As especificidades para o uso adequado dos termos ainda estão em debate na área acadêmica do Jornalismo. Contudo há o consenso de que o uso dos diferentes termos visa dar conta do fato de que as mentiras são produzidas de forma intencional ou porque se pretende induzir ao erro ou porque há o completo desprezo pela verdade (SANTAELLLA, 2019).

[14] Consultar em: FOUCAULT, Michel. Poder e Saber. *In*: FOUCAULT, Michel. **Estratégia, Poder-Saber**. 2. ed. Organização, seleção de textos e revisão técnica de Manoel Barros da Motta. Tradução de Vera Lúcia Avellar Ribeiro. Rio de Janeiro: Forense Universitária, 2006. p. 223-240. (Ditos e escritos, vol. IV).

A suspeita lançada pela agenda ideológica autoritária acerca do pensamento científico não questiona os sistemas de exclusão dos saberes científicos, aqueles que operam e determinam sobre as vivências socialmente marginalizadas, a fim de patologizá-las. Ao contrário disso, a suspeita busca pleitear a reiteração do paradigma normativo de verdade, aquele que patologiza e produz a exclusão, dissipando o reconhecimento de que há um *demos* sempre em disputa. E as mídias sociais tiveram um papel fundamental no sentido de evidenciar amplamente essas contestações. Fenômenos como o *Book Bloc* na Europa, *Occupy Wall Street* nos Estados Unidos e as *Jornadas de Junho* no Brasil (em suas reivindicações iniciais), *Ni Una Menos*, *Mee Too* e *Black Lives Matter* mostraram como as mobilizações em rede são ferramentas potentes para a elaboração de práticas de resistência, levando milhares de pessoas às ruas em diferentes localidades do mundo, dispostas a fazer uma aliança por pautas comuns e exercer uma "performatividade política" (BUTLER, 2013, 2015). Como reação contrária a esses movimentos, agentes reacionários e conservadores têm dispensado ainda mais energia na utilização desses mesmos meios digitais para mobilizar ideias e pessoas em um sentido político contrário, antidemocrático. É como efeito de reação às lutas de resistência que o discurso autoritário normativo vem tentando se articular enquanto uma norma ainda mais inflexível e socialmente imperativa. Como afirmou Foucault:

> [...] as relações de poder suscitam necessariamente, apelam a cada instante, abrem a possibilidade a uma resistência, e é porque há possibilidade de resistência e resistência real que o poder daquele que domina tenta se manter com tanto mais força, tanto mais astúcia quanto maior for a resistência. (FOUCAULT, 2006, p. 232).

Um dos instrumentos dessa reação normativa são as construções discursivas negacionistas. Diante da "verdade factual" (ARENDT, 1995; BUCCI, 2019) de que atualmente vivemos com mais intensidade uma disputa pelo alargamento do *demos*, as narrativas negacionistas se formaram a partir da pretensão de instituir uma palavra final acerca da definição de *demos*, acerca das vidas e das experiências que contam como parte da categoria povo. Aos olhos dos grupos reacionários e conservadores, suas narrativas negacionistas se apresentam como estratégia revolucionária e libertadora na busca por uma verdade que não teria sido sequestrada pelo que denominam de *establishment*[15]. Mas, na realidade, as revoltas

---

[15] A palavra *establishment* tem sido usada por esses grupos para denominar o conjunto das instituições republicanas que se encarregam de produzir algumas barreiras às tentativas de avanço de planos autoritários dentro do jogo democrático.

negacionistas contra a democracia, amplamente sustentadas por conteúdos falsos, não pretendem fazer aparecer uma verdade escondida ou mesmo esconder fatos. O que elas visam é minar o campo do que pode ser visível, o campo do aparecimento da precariedade e do que pode ser considerado "o povo". Essa é a sua guerra cultural. As narrativas que negam a legitimidade da disputa por quem pode fazer parte do povo constituem um discurso que pretende eliminar o próprio significado social de povo, minando, desse modo, os sentidos que sustentam a percepção da verdade, o que Hannah Arendt, em *Truth and Politics,* nomeou como "um tipo particular de cinismo":

> It has frequently been noticed that the surest long-term result of brainwashing is a peculiar kind of cynicism – an absolute refusal to believe in the truth of anything, no matter how well this truth may be established. In other words, the result of a consistent and total substitution of lies for factual truth is not that the lies will now be accepted as truth, and the truth be defamed as lies, but that the sense by which we take our bearings in the real world — and the category of truth vs. falsehood is among the mental means to this end — is being destroyed. (ARENDT, 2000, p. 568)[16].

Nesse sentido, para compreender alguns desses mecanismos, ao longo deste primeiro capítulo foram elencadas discussões que pretendem delinear como são operadas as elaborações de suspeita, como elas são mobilizadas em diferentes narrativas que evidenciam quais elementos estão sendo disputados, formando locais de disputa discursiva — ou arenas narrativas — que buscam estabelecer uma noção de verdade que depende, de forma parasitária, de uma crise democrática. Este capítulo também pretende abordar como o levante político-ideológico autoritário identificou nas universidades públicas um espaço da visibilidade da reivindicação democrática, o campo de aparecimento da precariedade, e como, por essa percepção, o autoritarismo entendeu que sua guerra não pode ser vencida sem sitiar esse território e tomar para si seus espólios.

---

[16] Em versão traduzida: "Observou-se com frequência que o resultado a longo prazo mais seguro da lavagem do cérebro é um género particular de cinismo — uma recusa absoluta de acreditar na verdade de qualquer coisa, por mais bem estabelecida que possa estar essa verdade. Por outras palavras, o resultado de uma substituição coerente e total de mentiras à verdade de facto não é as mentiras passarem a ser aceites como verdade, nem que a verdade seja difamada como mentira, mas que o sentido através do qual nos orientamos no mundo real — e a categoria da verdade relativamente à falsidade conta-se entre os recursos mentais para prosseguir esse objectivo — fique destruído." (ARENDT, 1995, p. 568).

## A CRISE POLÍTICA NA AMÉRICA LATINA — O PROBLEMA DAS REDES

Em outubro de 2019, na Universidade do Texas, assisti a um evento[17] da área da Comunicação que teve como proposta discutir como a circulação da informação e o trabalho jornalístico na América Latina se encontravam atualmente sob um fogo cruzado. As reflexões desenvolvidas naquele evento por profissionais e comunidade acadêmica do jornalismo suscitaram debates relevantes na tentativa de delinear os mecanismos que contribuem para uma crise democrática que é, ao mesmo tempo, uma crise da legitimidade da informação e da produção de conhecimento. Mas como esta crise que encontra interface com a universidade, uma instituição produtora de conhecimento? Como pensar a academia e a imprensa como instâncias da sociedade que têm em comum um mesmo problema, a legitimidade do que elas produzem?

Em meio a interesses políticos polarizados e com a ascensão de grupos de extrema-direita nos países do Sul Global, nos últimos anos uma crescente produção de conteúdo duvidoso nas redes sociais passou a disputar um status de legitimidade a partir de sua oposição a canais formais e tradicionais da informação — como a imprensa e a academia. O enfrentamento à proliferação de notícias fraudadas[18] e antidemocráticas se tornou um desafio político comum às historicamente frágeis democracias latino-americanas.

As chamadas *fake news* que se propagam a partir de especificidades dos modos de comunicar do ambiente virtual baseado nos algoritmos. Como parte da agenda neoliberal, os algoritmos produzem a vigilância dos acessos à internet. Sua função é marcar as movimentações virtuais de usuários e usuárias com o intuito de registrar e reforçar suas preferências a conteúdos previamente acessados. Desse modo, os algoritmos indicam a usuários e usuárias livres e autônomos um acervo de assuntos que lhes geram interesse, promovendo conteúdos que se repetem e se reiteram continuamente[19], podendo agregar valor comercial aos canais que produziram os conteúdos.

---

[17] Evento: "Media and Democracy in Times of Digital Cholera and Polarization in Latin America". Organização: LLILAS Benson Latin American Studies and Collections and the Knight Center for Journalism in the Americas – The University of Texas at Austin.

[18] Optei pelo termo "fraude", ou notícia fraudulenta, ao invés de notícia falsa. Para mais discussões sobre o assunto, ver artigo "Pós-política e corrosão da verdade". Dossiê Pós-Verdade e Jornalismo. **Revista USP**, São Paulo, n. 116, p. 19-30 (LINS *apud* BUCCI, 2018).

[19] A série de TV produzida pelo *The New Tork Times* sob o título "The Weekly", episódio 9: *"Down the Rabbit Hole"*, explora como conteúdos de extrema-direita foram amplamente divulgados para usuárias e usuários brasileiros nos últimos anos devido a uma política de algoritmos das mídias sociais, influenciando os resultados eleitorais de 2018. Ver também o artigo publicado no *The New York Times* "How YouTube Radicallized Brazil". Disponível em: https://www.nytimes.com/2019/08/09/the-weekly/what-is-youtube-pushing-you-to-watch-next.html.

Diante do potencial monetizador que uma narrativa pode vir a ter, esse formato de propagação de conteúdos nas mídias sociais propicia que a verificação das notícias fique em segundo plano, promovendo assim o compartilhamento de notícias fraudulentas e favorecendo a disseminação de teorias conspiratórias. A exposição dos conteúdos que é elaborada e controlada por meio de algoritmos — operados por empresas privadas por meio de um sistema de contabilização de dados — produz uma biografia das condutas virtuais de usuários e usuárias, constituindo a modalidade virtual do sujeito na "governamentalidade"[20] neoliberal, em que a ênfase na oferta de determinados conteúdos promove um engajamento dos afetos a despeito de fatores como qualidade ou verificabilidade do conteúdo que foi disponibilizado[21] (FOUCAULT, 2006).

Enquanto as mídias sociais têm a seu favor a mobilização de afetos individualizados, canais formais da produção e veiculação da notícia estão circunscritos a uma vocação institucional que está ligada ao âmbito do público e do interesse comum. Nesse contexto, os conteúdos antidemocráticos, especialmente em períodos eleitorais, alcançaram um público que não acessou e que talvez tenha dispensado propositalmente os canais formais de notícia, em um jogo assimétrico.

Além do mecanismo dos algoritmos, outro problema abordado no evento acerca da crise democrática latino-americana foi a intensa polarização política que, novamente por meio das mídias sociais, teria contribuído ainda mais para a radicalização de pontos de vista divergentes. Nessa perspectiva, a dificuldade de se estabelecer o diálogo entre indivíduos com posicionamentos políticos polarizados estaria propiciando a criação e circulação de conteúdos falsos. Além disso, o sentimento de revanchismo criado pela polarização contribuiria também para dar longevidade a segmentos ideologicamente fechados, dificultando ainda mais a entrada de ideias novas que pudessem configurar um contraponto. Por esse prisma, a polarização — pensada naquele momento enquanto *ethos* — estaria colocando ideias, narrativas e fatos em classificações ideológicas fechadas, impossibilitando o trânsito de informações múltiplas e divergentes na busca pelo real.

---

[20] Consultar em: FOUCAULT, M. A Governamentalidade. *In*: FOUCAULT, M. **Estratégia, Poder-Saber**. Rio de Janeiro: Forense Universitária, 2006. p. 281-305. (Ditos e escritos, v. IV).

[21] "Recomendações" ou "sugestões" seriam sempre opcionais e dependem da liberdade de interação entre sujeitos. No entanto, no espaço virtual, as sugestões e recomendações não são nem aleatórias nem livres em si mesmas. Como é próprio da governamentalidade neoliberal, o campo do que pode ser visível na virtualidade já está predefinido por uma lógica de engajamento subjetivo, o qual foi calculado nas atividades prévias de quem usa as redes, ao mesmo tempo que o usuário e a usuária são também usados por elas.

Tal suposição se lançou na tentativa de pensar que a circulação da informação em favor da democracia deveria poder contar com um ambiente propício a ela. Em outras palavras, seria necessário que cada indivíduo estivesse comprometido em fazer uma escolha ética não polarizada, supondo-se que na esfera pública se deveria abrir mão de uma preferência político-partidária em favor da valorização das informações verídicas e do espírito democrático. Contudo, em uma crise democrática, o compromisso com o interesse comum já se encontra em processo de ruptura. Desse modo, como pensar na possibilidade de qualquer compromisso com a esfera pública quando os indivíduos já estão atomizados e mobilizados por mecanismos antidemocráticos como a lógica dos algoritmos? Ademais, indicar a polarização como um dos grandes problemas causadores, ou resultantes, da crise democrática e da crise na circulação da informação torna-se problemático porque a polarização é imprescindível para a democracia. A polarização é, na verdade, um elemento central para pensar e problematizar a ação política.

Em meio a tantas indagações sobre a crise democrática, o tema da polarização ganhou relevância nas discussões acerca dos modos como o cenário político corrente tem impactado a imprensa, os movimentos sociais e as instituições e, desse modo, as universidades. Como instituição produtora de pesquisa, de conteúdos e informações politicamente relevantes, as universidades públicas também têm sido significadas, ou ressignificadas, por meio de narrativas polarizadas que inflam posicionamentos irreconciliáveis. Esse embate polarizado, definitivamente, encontra relação com o quanto estamos lidando com um enfraquecimento da democracia na condição de um horizonte político. Não se pode negar que o que estamos chamando de polarização política tem um papel na crise democrática. Contudo quero propor uma outra análise para a questão da polarização. Talvez o termo "polarização", deslocado da reflexão acerca dos elementos democráticos, tenha "emprestado" um nome a um fenômeno que passa por um *ethos* do nosso tempo.

Talvez seja possível propor a indagação de que o tema da conduta de polarização ganhou força não porque esse seria um modo de pensar influenciado por essa ou aquela agenda política, mas porque a "conduta polarizada" talvez indique a constituição de uma nova expressão da subjetividade, manifesta no modo como as pessoas se afetam quando se trata de seus posicionamentos políticos, de sorte que o *ethos* da polarização deva ser entendido no contexto específico de uma performatividade digital[22]. A

---

[22] Mesmo que virtualmente, corpos e subjetividades humanas têm estabelecido modos de existir no ambiente digital. Nessa perspectiva, seria possível afirmar que há uma performatividade própria, que se constitui no âmbito digital, mas que não substitui nem se sobrepõe às experiências fora das relações virtuais.

premissa da polarização talvez seja o modo como estamos fazendo manifestar nossas expressões subjetivas virtuais nas últimas décadas, o modo como estamos direcionando nossas ações políticas dentro do campo da virtualidade, em que polos são reforçados de modo incontornável.

A experiência da virtualidade nem sempre pode se expressar em riqueza de gradientes, os corpos estão limitados a alguns polos como: ou "damos" *like* ou não damos, e em alguns casos há o *dislike*; decidimos "seguir" ou não seguir alguém, página, grupo político; ao expressarmos opiniões em certas mídias sociais, isso deve acontecer de forma concisa e estanque, em caracteres de número limitado; posts, vídeos e fotos divulgados nas redes somente podem alcançar outras pessoas se os algoritmos assim o determinarem em seu cálculo de afetos; as sugestões que nos oferecem conteúdos se baseiam no perfil de nossas navegações, portanto formam polos de interesse para cada indivíduo em sua especificidade de existência virtual. Em outras palavras, um dos efeitos da experiência virtual é a produção de um sujeito constrangido por uma lógica de polarização, em que as inconsistências ou incoerências da performatividade virtual não captam as informações sutis que possam alterar e expandir um determinado perfil de usuário em relação a outros, tornando esse perfil cada vez mais ininteligível aos diferentes e cada vez mais reconhecível somente perante os seus supostamente iguais — criando "usuários" menos humanos para uns e mais humanos para outros.

Outro aspecto dessa performatividade é que ela coloca em cena a ruptura com o outro. Nesse jogo lexical é possível "cancelar", "bloquear", "restringir" ou "dar um tempo" sem o atravessamento de grandes confrontos. Com o movimento de um clique, qualquer desafeto ou elemento que cause estranheza e abjeção pode ser eliminado desse mundo virtual paralelo, onde é possível decidir como e com quem queremos coabitar, à revelia da impossibilidade de fazer exatamente a mesma escolha sem a complexidade das consequências em um mundo concreto. Talvez a performance dessa ruptura — e não o fato de que polos políticos simplesmente existam — seja a propulsora de um desejo de manifestar, nas relações concretas, processos subjetivos que já se estabeleceram no âmbito virtual e que acionam dinâmicas das relações de poder. Por esse prisma, mesmo que a polarização de opiniões políticas possa agravar conflitos, ela não resultaria diretamente no enfraquecimento da democracia. Seria mais pertinente questionarmos como as performances de ruptura que se desenvolvem no âmbito virtual são, em grande medida, parte de uma lógica neoliberal que tem enfraquecido as práticas democráticas. Desse modo, a ação da ruptura em meio aos conflitos da polarização política é efeito de uma subjetividade já estabelecida, e não sua causa primária. Para Brown (2019), o desprezo por outras pessoas ou por suas reivindicações sociais diz respeito a um niilismo contemporâneo ocasionado pelo avanço desmedido do neoliberalismo, tornando trivial e sem valor qualquer aspecto da vida.

> O lado economicizante do neoliberalismo adicionou força e acelerou o niilismo de nossa era. Primeiro ao não deixar nada intocado pelo empreendedorismo e pela monetização; depois, com a financeirização, ao submeter todos os aspectos da existência humana a cálculos de investimento sobre seu valor futuro. Conforme nos tornamos capital humano de cima a baixo, e também no nosso íntimo, o neoliberalismo torna a venda da alma algo cotidiano, e não um escândalo. (BROWN, 2020, p. 200).

A condição de polarização política consiste em considerar que se os polos coexistirem as divergências não serão silenciadas arbitrariamente por um polo dominante. Portanto, a ruptura de um pacto democrático acontece justamente quando toda e qualquer polarização é dissolvida em uma trama que busca a aniquilação da divergência a partir da trivialização do outro. Na ideia de dissolução dos polos, está implícita a recusa e a indiferença diante das múltiplas vozes da precariedade que atinge a todos e todas. Isso se torna ainda mais evidente se considerarmos que o movimento reacionário-conservador brasileiro busca estimular uma versão única dos fatos, sem polos de divergências no interior de suas construções narrativas. Em um discurso de 2017, o então candidato Jair Bolsonaro foi ovacionado por sua plateia ao afirmar: "ou *as minorias se adequam ou simplesmente desapareçam*"[23].

Ao menor ruído que se estabeleça contra a agenda ideológica autoritária, seus agentes passam a buscar a supressão de elementos do contraditório, sejam eles manifestações políticas de movimentos sociais, dados científicos ou conteúdos informativos da imprensa. A encenação do "cancelamento" virtual é transferida para a esfera da ação concreta em favor da ruptura com o interesse comum, como é possível constatar na fala de Jair Bolsonaro: "*não recebo mais papel de jornal ou revista. Quem quiser que vá comprar. Porque envenena a gente ler jornal. Chega envenenado*". A afirmação foi uma resposta do presidente já eleito ao ser questionado por que a Presidência da República optou por não renovar o recebimento de jornais e revistas, nacionais e internacionais, que abasteciam o Palácio do Planalto e o escritório regional da Presidência em São Paulo[24].

---

[23] Disponível em: https://www.youtube.com/watch?v=CAchA1Pev2g.

[24] Disponível em: https://politica.estadao.com.br/noticias/geral,bolsonaro-diz-que-jornalistas-sao-raca-em--extincao-e-que-ler-jornal-envenena,70003146190.

Nesse contexto de ruptura político-discursiva, faz-se necessário ressaltar que a principal forma como se deu o embate de polos políticos no Brasil desde 2013, e especialmente nas eleições de 2018, foi justamente por meio do engajamento virtual. Os novos meios do agir político têm acionado performances virtuais que experimentam polarizações em um ambiente onde é possível simular a ruptura com o interesse comum. Portanto, a polarização como provável promotora da crise democrática é aquela que se assenta numa subjetividade atravessada por uma performatividade virtual, aquela age politicamente no campo das relações virtuais, justamente ali onde as ações antidemocráticas mais prosperaram nos últimos anos em todo o mundo.

> [Influencer-AS] Até quando eles vão achar que tão(sic) enganado a população que hoje tem as redes sociais para poder tá(*sic*) ali acompanhando vídeos? [...] Eles acham que essas pessoas vão ficar reféns dessas narrativas e dessas empresas cheias de dinheiro como Folha [de] São Paulo, Estadão, Globo, G1. O engraçado é que os jornalistas dessa grande mídia já sabem que as pessoas assistem a nós e não a eles, que leem a nós e não a eles. As pessoas já sabem. É incrível isso, ninguém tá(*sic*) mais ali **preso à narrativa da imprensa**. Só que eu aviso para você que está em casa nos assistindo, tem muita gente que ainda ouve a imprensa, muita gente. Então, corta os videozinhos ali no celular, pega trecho, grava o áudio do vídeo, sei lá, qualquer coisa, e divulga **para que as pessoas fiquem sabendo o que realmente está acontecendo**.

Ao fim do evento na Universidade do Texas, o terceiro problema discutido acerca da crise democrática foi a relação da imprensa com a academia. As reflexões se voltaram para os procedimentos, a metodologia e a linguagem acadêmica da produção de conteúdo jornalístico. Uma vez que os novos desafios do jornalismo estariam atrelados também à necessidade de se adaptar a um formato contemporâneo, seria preciso priorizar conteúdos descomplicados, segundo uma estética menos acadêmica, e ao mesmo tempo buscar garantir a qualidade e verificabilidade da informação. Os formatos de divulgação simplificados, sintéticos, visualmente atraentes e velozes têm ganhado mais audiência desde o surgimento das mídias sociais segundo uma lógica que é própria dessa engrenagem, baseada no quanto se pode prender as atenções.

Conteúdos que não estão adaptados ao novo modelo de engajamento subjetivo passaram a ser contestados. Com as redes sociais, foi possível produzir cada vez mais conteúdos, ler e escrever mais, ouvir, assistir, filmar e registrar o que se pensa, o que se quer, o que se faz da vida. Na via de uma produção de conteúdo cada vez maior, cada vez mais elaborados por mais pessoas, criou-se também, de modo geral, uma rejeição a conteúdos longos que conteriam informações agrupadas e complexas, dando-se preferência a conteúdos fragmentados em maior volume e velocidade. Ademais, na lógica da virtualidade neoliberal qualquer pessoa pode fazer de si mesma uma produtora de conteúdo, qualquer aspecto da vida pode ser submetido a um registro público, movimentando e desarranjando o próprio conceito de circulação de informação, instituindo nesse campo um *pathos* do novo na comunicação. No entanto, como mencionado anteriormente, a valoração social desses conteúdos se dá pela sua capacidade de persuadir uma audiência que estaria disposta a consumi-los e reproduzi-los. E foi nessa perspectiva que a discussão do evento se voltou para o dilema do consumo. Como disputar a atenção do consumidor? Afinal, as atividades jornalísticas, assim como as científicas, estando elas mais ou menos alinhadas com a lógica neoliberal, dependem de relações mercadológicas que mantêm com sua audiência, seja ela nomeada de consumidora, seguidora ou apoiadora.

Pela lógica do consumo virtual, um dos problemas levantados no evento para a área do Jornalismo seria o caráter demasiadamente acadêmico da circulação da informação. A indicação era de que a forma e a linguagem, que na maioria das vezes assume os códigos da especialização científica, traziam um ar elitista, complexo e pouco dinâmico para o público, principalmente se levarmos em conta que nos dias atuais as informações mais consumidas são aquelas de linguagem concisa, devidamente adaptadas às mídias sociais[25]. Em outras palavras, o argumento era o de que o mundo havia mudado e o perfil de consumo do público também. Com isso, o Jornalismo precisaria mudar suas estratégias de atuação e rever sua relação com as universidades, no sentido de estabelecer um novo modo de produzir e divulgar conhecimento. De fato, os meios de divulgação de conteúdos tipicamente acadêmicos têm sofrido pressões para se adaptarem ao formato das mídias sociais e tornar a comunicação mais "atrativa", expandindo seu público-alvo e minorando distâncias historicamente constituídas entre a população e o acesso aos conhecimentos científicos. Os desafios impostos pela pandemia de

---

[25] Como bem pontua Eugênio Bucci, o número de assinaturas de um jornal de destaque é em média de 250 mil assinantes, o que representa muito pouco se comparado ao número de páginas e de usuárias/os de uma mídia como o Facebook, que conta com quase 2 bilhões de perfis ativos. Essa assimetria fez com que a imprensa, enquanto mediadora do debate público, correspondesse a "apenas a uma franja marginal dentro das interações da era digital." (BUCCI, p. 28, 2018).

Covid-19 aceleraram esse processo, exigindo das instituições educacionais um novo modo de existir por meio do trabalho remoto virtual. No caso das universidades, ainda que essa adaptação ao virtual esteja em larga escala voltada para a própria comunidade acadêmica, dentro do que poderíamos chamar de uma bolha intelectual, o surgimento de formatos dinâmicos de compartilhamento da produção acadêmica para as mídias sociais tem sido um fator positivo para a democratização do conhecimento científico.

No entanto é necessário fazer a ressalva de que as mídias sociais são empresas privadas que visam obter lucro e, em grande medida, se isentam de tomarem para si aquilo que Arendt chamou de uma preocupação com o mundo, tanto no sentido de conservá-lo para garantir sua preservação para as novas gerações quanto no sentido de proteger o mundo da destruição que o "pathos do novo" pode representar (ARENDT, 1961, p. 176). Desse modo, as lógicas do lucro, do engajamento virtual e dos algoritmos não podem se tornar a referência primeira do pensamento acerca da educação, acerca do como e por que produzir e divulgar tais conhecimentos em detrimento de outros, ou até mesmo acerca do modo ideal de como aprender e ensinar. É um tanto questionável que narrativas contemporâneas sugiram que as mídias sociais devam atuar como uma baliza do "sucesso" didático, propondo o êxito de um modelo educacional a partir da eficácia dos afetos provocados em sua audiência que se sobrepõe a outras formas de compreender a relação ensino-aprendizagem. Se, por um lado, essa novidade pode ser interessante e abrir caminhos para que mais pessoas possam desfrutar de possibilidades educativas, por outro, ela pode ser um elemento limitante e antidemocrático na luta pela educação, principalmente se levarmos em conta as imensas desigualdades sociais quanto ao acesso digital. De todo modo, enquanto as mídias sociais forem amplamente disponibilizadas sem a problematização da lógica dos algoritmos, elas terão uma função ambivalente como instrumento de desestabilização da democracia; da produção do conhecimento; da circulação da informação; e do acesso à educação.

Os três problemas levantados no início desta discussão — as *fake news*, a polarização política e o "problema" acadêmico — constituem elementos relevantes para pensar como as mídias sociais hoje potencializam crises para o campo intelectual, mas essa é, sobretudo, uma crise da democracia que mantém relações com o projeto neoliberal. Não se trata aqui de elaborar uma avaliação do quanto as relações virtuais são boas ou más para o tecido social, mas, pela via oposta, nos perguntarmos o quanto os pressupostos democráticos poderiam dar conta de estabelecer parâmetros outros para as interações virtuais. Desse modo, seria mais interessante pensar a crise democrática e sua relação com o campo virtual como efeitos que interagem de forma conveniente em direção às ideias autoritárias. Como afirma Brown (2020):

> [...] a ascensão do digital gera uma sociabilidade nova, radicalmente desterritorializada e desdemocratizada. [...] A despeito de seus méritos, as "sociedades" digitalizadas são desconectadas do desafio de partilharmos o poder igualmente para governarmos a nós mesmos. Elas podem possuir outros potenciais democratizadores, mas sozinhas não substituem as práticas democráticas e de igualdade política que elas exigem. (BROWN, 2020, p. 224).

A preocupação em tornar a notícia acessível ao grande público é legítima. Esta é uma função importante do Jornalismo, prezar pela qualidade de conteúdos que possam ser divulgados amplamente e sem cerceamentos. Ainda mais se levarmos em conta que a proposta do evento na Universidade do Texas era discutir os desafios que o Jornalismo encontra para alcançar um público que vê a imprensa com desconfiança. Nesse sentido, elencar a influência da academia na esfera do trabalho jornalístico como um problema para a linguagem da notícia, em um evento acadêmico, é compreender que esses espaços são momentos imprescindíveis para o questionamento da própria atividade acadêmica. Entretanto é necessário também admitir que em algum momento recente da nossa história, a ciência — nessa dupla associação de ser produzida pela academia e divulgada pela imprensa (OLIVEIRA, 2020) — passou a ser desacreditada independentemente da linguagem utilizada em revistas e jornais. É preciso questionar como o mal-estar dessa "crise epistêmica" desvela uma dinâmica dos discursos. No interior da crise política, emerge o ressentimento e o fanatismo das massas, algo que poderia ser mais bem compreendido se também analisarmos como isso estabelece relação com a história da educação e do ensino superior no Brasil, no sentido de reconhecer que há ali uma trajetória de exclusão.

Embora existam diferentes narrativas acerca das universidades públicas como uma instituição historicamente problemática, a afirmação do elitismo intelectual, universitário ou acadêmico, como um empecilho à cidadania, encontra confluência tanto em narrativas progressistas como conservadoras. Ambas tendem a concordar em abordar o tema *universidade*, ou *academia*, como uma espécie de barreira no caminho de um plano, de um projeto, ou de um movimento político. Desse modo, pontuar as diferenciações entre essas narrativas, dos vários significados do "elitismo" nas universidades, é um fator central para se compreender o lugar da precariedade nessa discussão. Os termos "elite" ou "elitismo", quando se referem a qualquer área profissional que lide como a produção de conhecimento, têm sido submetidos a narrativas em disputa dentro do espaço da política, lugar onde a verdade dos fatos não está protegida (ARENDT, 2000, p. 545-575). Como veremos a seguir, o argumento do elitismo nas universidades públicas brasileiras a partir de uma relação de causa e efeito quanto ao surgimento das narrativas antidemocráticas é uma premissa frágil. É fundamental compreendermos o uso insistente desse termo pelo movimento reacionário-conservador, porque ele evidencia como a crise da democracia possibilitou que agendas antidemocráticas ganhassem o apoio de uma massa ressentida e excluída de processos de cidadania.

## ENTRE DOUTOS E ANALFABETOS

Desde a primeira lei de instrução pública de 1827 que instituía "as escolas de primeiras letras", constituiu-se a ideia de que o ensino primário, posteriormente reformulado como educação básica, com a Constituição de 1988, representava um passo em direção ao progresso. A preocupação da época era a superação da imagem que os vários séculos de colonização haviam legado ao país, agora independente, como nação primitiva e inculta (LOURO, 2015). Muito antes do que viria a se tornar a educação básica no Brasil, a lei de 1827 instituía que as escolas de primeiras letras fossem estabelecidas por todo território do Império onde houvesse concentração populacional, como cidades e vilarejos.[26] As narrativas em torno do déficit educacional do povo brasileiro, tendo o analfabetismo como seu grande mal a ser combatido, alicerçou leis e reformas ao longo de todo o século XX, criando assim o consenso público de que, a partir de investimentos e melhorias, a educação básica representa o grande meio para se alcançar um projeto político de ascensão social para a população e, consequentemente, para o país.

O que se constituiu historicamente como uma ampla reivindicação nacional pela educação é, de certa forma, ainda muito recente quando se trata do ensino superior no Brasil. Embora o ensino superior estivesse também no horizonte das reivindicações populares como um meio de promoção

---

[26] Ainda que a proposta da lei de 1827 fosse popularizar a ideia de educação pública, uma grande parte da população ficou de fora dessa empreitada. Populações marginalizadas como pessoas negras, indígenas, a classe trabalhadora e mulheres, na prática, ou não estavam contemplados pela lei, ou não recebiam as mesmas instruções oferecidas a grupos socialmente privilegiados (LOURO, 2015).

da cidadania das populações, as universidades ficaram por muito tempo relegadas a atender às demandas educacionais da classe dirigente, portanto, de uma elite política. Do ponto de vista discursivo institucional, desde o Brasil Império as etapas escolares iniciais e o ensino superior não faziam parte de uma mesma pauta para um mesmo público. A vinculação mais expressiva entre as duas modalidades na forma de texto legal só ocorreu em 1996, com a Lei de Diretrizes e Bases para a educação, quando o texto da Constituição de 1988 para a educação básica foi modificado, passando a incluir como finalidade da educação básica "desenvolver o educando" e "fornecer-lhe meios para **progredir** no trabalho e em **estudos posteriores**" (BRASIL, 1996, grifo meu)[27].

Enquanto o acesso às etapas iniciais da formação educacional passou por um processo de consolidação discursiva nacional desde de 1827 como um direito do "povo" brasileiro, durante mais de um século da legislação brasileira o ensino superior, como pauta de acesso à cidadania, seguiu institucionalmente desmembrado de um plano educacional conjunto. Essa divisão discursiva possibilitou que narrativas atuais — em que a defesa por melhorias e investimentos nas duas modalidades pertenceriam tanto à educação básica como ao ensino superior — tornassem as duas modalidades pautas políticas rivais, em que a primeira modalidade seria mais defensável porque ela é destinada à instrução do "povo", enquanto a segunda seria destinada apenas à formação e manutenção de uma elite econômica e política.[28] A tentativa de estabelecer rivalidades e esvaziamento político quanto à defesa das universidades públicas como pauta popular contribuiu também para normalizar as tendências econômicas neoliberais que, por meio de documentos como as sistemáticas recomendações do Banco Mundial pela privatização das instituições públicas, reforçam a suspeita de que as universidades são um ônus social a ser combatido, como mostram

---

[27] Carlos R. J. Cury faz a ressalva de que a última etapa da educação básica, o ensino médio, possui finalidade própria para a formação da cidadania: "Legalmente falando, o ensino médio não é, como etapa formativa, nem porta para o ensino superior e nem chave para o mercado de trabalho. Ele tem uma finalidade em si, embora seja requisito tanto do ensino superior quanto da educação profissional de nível técnico." (CURY, 2002, p. 182).

[28] O perfil estudantil de estudantes de universidades públicas mudou significativamente nos últimos anos. O relatório da Andifes de 2019 evidenciou que o percentual de estudantes cotistas foi de 3,1%, em 2005, para 48,3%, em 2018. Outra mudança foi o perfil da renda mensal das famílias de estudantes. Em 2018, a renda per capita de até um salário-mínimo e meio representou a realidade de 70,02% do corpo discente. Na primeira edição da pesquisa, em 1996, essa era a realidade de 44,3% das e dos estudantes do ensino superior público. Portanto, mesmo que as universidades públicas ainda abarquem uma parcela pequena da população brasileira como um todo, há uma transformação nas universidades públicas que já não podem sustentar análises simplistas acerca do tema (ANDIFES; FONAPRACE, 2019).

as alegações do ex-ministro da educação Abraham Weintraub, um defensor das pautas neoliberais conservadoras:

> [...] No programa de governo que elegeu o presidente Jair Bolsonaro, estava muito claro, estava explícito, que a nossa prioridade era a educação básica, a pré-escola.
> [...] Os recursos futuros vão ser direcionados para cursos de graduação **ou** para a pré-escola, para a educação básica? Aqui eu trago uma informação para **você que vai pagar por tudo isso**, você que é o **pagador de imposto**: um aluno numa graduação custa R$ 30 mil por ano; um aluno numa creche custa R$ 3 mil por ano. Para cada aluno de graduação que eu coloco na faculdade, eu poderia trazer dez crianças para uma creche. **Crianças que geralmente são mais humildes, mais pobres, mais carentes, e que, hoje, não têm creches para elas.** O que você faria no meu lugar?[29]

A alegação do ex-ministro propõe uma posição revanchista, contrapondo a educação básica ao ensino superior. Seu argumento foi a suposição de que a diferença dos gastos públicos entre as duas modalidades estaria expondo a posição elitista e perdulária das universidades em face da realidade da pobreza e da falta de creches em muitas cidades do país. O "pagador de imposto", na fala do ex-ministro, aciona o sentimento de que se está pagando pela injustiça, fomentando um sistema de exclusão social do qual talvez esse mesmo "pagador de imposto" seja uma vítima. O movimento reacionário-conservador, sob o subterfúgio do elitismo universitário/intelectual/acadêmico, sabe que capitalizar ressentimentos contra as universidades públicas não é uma tarefa difícil. Uma vez que essas instituições possam ser esvaziadas de sentido e valor social, as narrativas antidemocráticas encontram um terreno fértil para ressignificar as experiências da exclusão educacional que são marcas profundas na história do país. O argumento do elitismo, central para esse movimento, tem sido utilizado para legitimar mentiras como a ideia de que o dinheiro público destinado às universidades públicas é excessivo e tem sido usado para custear a "balbúrdia", "gente pelada", "arruaça"[30] e o ensino do "sexo

---

[29] Disponível em: https://oglobo.globo.com/sociedade/educacao/para-cada-aluno-de-graduacao-poderia-pagar-dez-em-creche-diz-ministro-da-educacao-23633807.

[30] Falas do ex-ministro da educação Abraham Weintraub. Disponível em: https://educacao.estadao.com.br/noticias/geral,mec-cortara-verba-de-universidade-por-balburdia-e-ja-mira-unb-uff-e-ufba,70002809579.

sem limites...para os nossos filhos"[31]. A premissa é a de que a degradação moral estaria sendo difundida na sociedade por meio das universidades públicas, supostamente comandadas por uma elite corrupta, que estaria subtraindo o dinheiro do cidadão de bem a fim de financiar pautas que não promovem a cidadania e o bem-estar da população. Como afirmou o então ministro Weintraub,

> Quando vão na universidade federal fazer festa, arruaça, não ter aula ou fazer seminários absurdos que **agregam nada à sociedade**, é **dinheiro suado** que está sendo **desperdiçado** num país com 60 mil homicídios por ano e mil carências.

Utilizar o imaginário popular acerca de uma elite imoral nas universidades públicas é uma estratégia central na produção do discurso autoritário. Ela busca respaldo em um conceito de elite já consolidado a partir de verdades factuais. As universidades brasileiras historicamente se constituíram como espaço destinado a uma elite formada por grupos sociais abastados e politicamente poderosos, uma herança ainda não superada. Desse modo, é de se supor que seria enorme a probabilidade de que o "homem de bem" do século XXI, o pagador de impostos, tivesse encontrado barreiras sociais e econômicas para o seu ingresso em uma instituição de ensino superior e, mais ainda, em uma universidade pública, em um país tão desigual e excludente em seus sistemas educacionais. A percepção de que há uma elite e de que há alguma imoralidade nesse processo de exclusão escolar não é completamente infundada. Entretanto o conceito de elite universitária ou acadêmica se torna problemático quando as narrativas conservadoras e reacionárias encontraram nele um meio de associar elementos factuais de nossa história a acusações fraudulentas, formando assim uma lógica que — ainda que não apresente qualquer relação de causa e efeito – é eficaz em inflar ressentimentos.

Sabemos que os processos de exclusão no sistema educacional não ocorrem de maneira aleatória, sendo os grupos socialmente mais vulneráveis seus principais alvos. No entanto, quando observamos os números relativos ao ingresso e permanência no ensino superior, fica evidente que a população excluída é ainda mais ampla. Um relatório da OCDE – Organização para a Cooperação e Desenvolvimento Econômico, que comparou a educação nos países membros e parceiros da organização, entre os anos de 2009 e 2019, indicou que o Brasil obteve crescimento de 10% no total da população com

---

[31] Fala do ex-ministro da educação Milton Ribeiro. Vídeo disponível em: https://www.youtube.com/watch?v=YqKHvqplLUw&t=3s.

ensino superior completo, mas isso ainda representa um número muito baixo se comparado à média dos países membros (OECD, 2020). Enquanto nos países membros a média da população entre de 25 e 34 anos graduada em nível superior representava 45% (quase metade de sua população), no Brasil até 2019 eram apenas 21%. O Inep também divulgou os números do relatório, estendendo a faixa etária analisada entre 25 e 64 anos até o ano de 2018. A porcentagem da população com ensino superior completo era de 17%. Isso significa que aproximadamente 83% da população brasileira na faixa etária de 25 a 64 anos não possui um diploma de graduação de qualquer instituição de ensino superior, seja ela pública ou privada[32]. Mesmo com os programas de expansão universitária, que trouxeram efeitos positivos, a lacuna do acesso e permanência no ensino superior continua gigantesca.

Outros dados alarmantes se referem ao nível de alfabetização da população brasileira. Mesmo que uma parcela significativa tenha passado por processos de escolarização, a porcentagem de pessoas entre 15 e 64 anos alfabetizadas e que atingiram nível considerado proficiente é de apenas 12%, e esses dados têm se mantido consistentes ao longo dos anos, como mostra a tabela a seguir.

Figura 1 – Índice Inaf entre 2001 e 2018

| Nível | 2001 2002 | 2002 2003 | 2003 2004 | 2004 2005 | 2007 | 2009 | 2011 | 2015 | 2018 |
|---|---|---|---|---|---|---|---|---|---|
| BASE | 2000 | 2000 | 2001 | 2002 | 2002 | 2002 | 2002 | 2002 | 2002 |
| Analfabeto | 12% | 13% | 12% | 11% | 9% | 7% | 6% | 4% | 8% |
| Rudimentar | 27% | 26% | 26% | 26% | 25% | 20% | 21% | 23% | 22% |
| Elementar | 28% | 29% | 30% | 31% | 32% | 35% | 37% | 42% | 34% |
| Intermediário | 20% | 21% | 21% | 21% | 21% | 27% | 25% | 23% | 25% |
| Proficiente | 12% | 12% | 12% | 12% | 13% | 11% | 11% | 8% | 12% |
| Total[2] | 100% | 100% | 100% | 100% | 100% | 100% | 100% | 100% | 100% |
| Analfabeto Funcional* | 39% | 39% | 37% | 37% | 34% | 27% | 27% | 27% | 29% |
| Funcionalmente Alfabetizados* | 61% | 61% | 63% | 63% | 66% | 73% | 73% | 73% | 71% |

Fonte: Inaf 2001-2018

---

[32] O relatório indicava também que dos 21% da população entre 25 e 34 anos com ensino superior, 20% atingiu a graduação como nível máximo de formação; 0,8% e 0,2% correspondem ao mestrado e doutorado respectivamente (BRASIL, 2020). A OCDE e o Inep publicaram outros indicadores a partir de dados coletados entre os anos de 2020 e 2023; entretanto, por serem anos impactados pela pandemia da Covid-19, optei por utilizar os relatórios disponibilizados entre 2019 e 2020 como ilustração de um panorama educacional recente e que engloba o recorte analítico de uma década.

Desde 2015 o Inaf utiliza cinco níveis de classificação em que o os níveis *elementar, intermediário* e *proficiente* formam o conjunto de indicadores dos "funcionalmente alfabetizados". Os dados da tabela mostram que, se comparamos os índices dos anos 2001 e 2018, o avanço do alfabetismo funcional no Brasil nos níveis *elementar* e *intermediário* representou um crescimento médio de 5%, enquanto o nível *proficiente*, de modo geral, não apresentou crescimento. Isso é preocupante porque os níveis *intermediário* e *proficiente*, que em 2018 englobaram apenas 37% da população, são justamente aqueles que habilitariam a pessoa leitora a dispor de uma maior compreensão acerca do mundo. De acordo com o Inaf (2018), essas duas classificações consistem em habilidades como:

Figura 2 – Critérios de avaliação do Inaf

| Intermediário<br><br>(119 < x ≤137) | • Localiza informação expressa de forma literal em textos diversos (jornalístico e/ou científico) realizando pequenas inferências.<br>• Resolve problemas envolvendo operações matemáticas mais complexas (cálculo de porcentagens e proporções) da ordem dos milhões, que exigem critérios de seleção de informações, elaboração e controle em situações diversas (valor total de compras, cálculos de juros simples, medidas de área e escalas);<br>• Interpreta e elabora síntese de textos diversos (narrativos, jornalísticos, científicos), relacionando regras com casos particulares com o reconhecimento de evidências e argumentos e confrontando a moral da história com sua própria opinião ou senso comum.<br>• Reconhece o efeito de sentido ou estético de escolhas lexicais ou sintáticas, de figuras de linguagem ou sinais de pontuação. |
|---|---|
| Proficiente<br><br>(>137) | • Elabora textos de maior complexidade (mensagem, descrição, exposição ou argumentação) com base em elementos de um contexto dado e opina sobre o posicionamento ou estilo do autor do texto.<br>• Interpreta tabelas e gráficos envolvendo mais de duas variáveis, compreendendo elementos que caracterizam certos modos de representação de informação quantitativa (escolha do intervalo, escala, sistema de medidas ou padrões de comparação) reconhecendo efeitos de sentido (ênfases, distorções, tendências, projeções).<br>• Resolve situações-problema relativos a tarefas de contextos diversos, que envolvem diversas etapas de planejamento, controle e elaboração, que exigem retomada de resultados parciais e o uso de inferências. |

Fonte: Inaf 2018

O relatório do Inaf ressalta que os índices de analfabetismo funcional no Brasil atingem todos os níveis de escolarização, até mesmo o ensino superior. No entanto o mesmo relatório comprova que quanto maior é o nível de escolarização, menores são os índices de analfabetismo funcional, como evidenciam os índices a seguir.

Figura 3 – Níveis de alfabetismo por porcentagem da população

|  | Total | Nenhuma | Ens. Fund. – Anos iniciais | Ens. Fund. – Anos finais | Ensino médio | Superior |
|---|---|---|---|---|---|---|
| BASE | 2002 | 116 | 297 | 451 | 796 | 342 |
| Analfabeto | 8% | 82% | 16% | 1% | 1% | 0% |
| Rudimentar | 22% | 17% | 54% | 32% | 12% | 4% |
| Elementar | 34% | 0% | 21% | 45% | 42% | 25% |
| Intermediário | 25% | 1% | 7% | 17% | 33% | 37% |
| Proficiente | 12% | 0% | 1% | 4% | 12% | 34% |
| Total | 100% | 100% | 100% | 100% | 100% | 100% |
| Analfabetos Funcionais | 29% | 99% | 70% | 34% | 13% | 4% |
| Funcionalmente Alfabetizados | 71% | 1% | 29% | 66% | 87% | 96% |

Fonte: Inaf 2018

Figura 4 – Porcentagem da relação entre alfabetização e nível de escolaridade

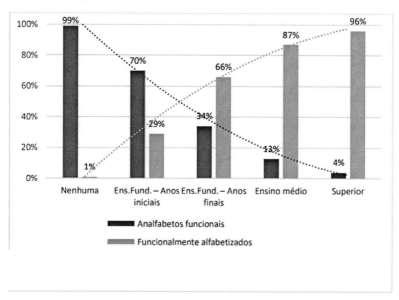

Fonte: Inaf 2018

Um breve panorama educacional no Brasil nos permite compreender que ao longo das últimas décadas, mesmo com avanços, parcelas significativas da população têm sofrido sistematicamente com a exclusão escolar, que impacta diretamente o exercício da cidadania. A alegação de que textos acadêmicos e jornalísticos podem ser muito difíceis de serem compreendidos pela população é um dado verídico. No entanto imputar essa mazela social aos modos de divulgação da imprensa ou ao elitismo da escrita acadêmica é uma premissa, em parte, questionável. Afinal, quase dois terços da população brasileira não se enquadram em níveis de alfabetização que as possibilitariam compreender informações complexas e fundamentais para a nossa relação com o mundo.

Se, por um lado, a realidade do analfabetismo funcional e o ressentimento causado pelas experiências da exclusão escolar são um prato cheio para capitalizar adeptos do discurso autoritário, por outro, é preciso que indaguemos por que em 2001 — recordando que os índices do Inep pouco mudaram até o momento — a "acusação" de que haveria "gente pelada" nas universidades não era um argumento tão popular[33]? Por que a imprensa naquela época não estava completamente "envenenada"? Por que a internet não era o lugar para se saber o que "realmente" estava acontecendo no mundo, em detrimento dos canais profissionais do Jornalismo? E por qual razão o "pagador de impostos" aceitou por tanto tempo financiar a ciência? Mesmo que a confabulação de ideias autoritárias seja uma possibilidade constante na história política brasileira, e mesmo que, talvez, parte da população nunca tenha deixado de sentir nostalgia pelo regime militar, não vimos nas últimas duas décadas uma movimentação política tão assiduamente voltada a deslegitimar os referenciais que distinguem a mentira da verdade. E é porque esses referenciais estão desestabilizados que o termo "elite" pode ser usado como bem se queira, tanto no escopo do discurso conservador reacionário quanto em algumas alas do discurso progressista.

O termo "elite", em seu significado genérico, pode englobar diferentes perspectivas acerca das relações sociais em sistemas de privilégios e assimetrias de poder. Como instituições que produzem saberes científicos, as universidades são parte dos mecanismos da produção de discursos, e, portanto, do poder (FOUCAULT, 2012a, 2014). Que existem elites nas quais há a circulação de poder é constatar o óbvio, mas o acionamento dessa constatação nas narrativas reacionárias assume uma lógica própria. Enquanto para certa tradição do pensamento político o termo "elites" se refere aos sistemas de privilégio de um determinado grupo sobre outro que é excluído, para as narrativas conservadoras reacionárias o termo tem sido ressignificado a partir de critérios de caráter normativo a fim de estabelecer

---

[33] De acordo com o censo de 2000, apenas 4,4% da população brasileira tinha completado uma graduação de ensino superior. Número significativamente inferior ao índice de 17%, identificado no censo de 2012 (BRASIL, 2012).

diferenças entre grupos sociais diversos. Nessa lógica da maioria versus a minoria, a maioria representaria o "verdadeiro povo". Desse modo, se de uma perspectiva normativa a maioria das pessoas no Brasil se considera cristã, logo o "verdadeiro povo" brasileiro é cristão. Nas narrativas autoritárias, "o povo" pode representar um grupo seleto de pessoas, a partir de um esvaziamento do sentido do *demos* (DUARTE, 2020).

Do mesmo modo, o termo "elite" na lógica autoritária também foi ressignificado. Como um elemento antagônico ao suposto interesse político do "povo", o termo "elite" pode qualificar qualquer esfera da sociedade que confronte a narrativa definidora acerca do "verdadeiro povo". A partir do esvaziamento e ressignificação de sentido e de valores socialmente construídos, tal semântica busca construir sua própria verdade a partir de um niilismo descompromissado com o mundo comum (BROWN, 2020). Alegações como as de que o nazismo teria sido um regime de esquerda[34] e de que Paulo Freire teria idealizado um plano de "estratificação social"[35] para o Brasil fazem sentido para o discurso autoritário porque sua lógica não está preocupada em validar mentiras ou verdades acerca dos fatos, mas sim autorizar "o verdadeiro povo" a desprezar valores democráticos.

Esse raciocínio permite aos conservadores reacionários afirmar, por exemplo, que um rico fazendeiro branco, heterossexual, cristão, que tenha financiado campanhas políticas afins àquele ideário político em sua comunidade local, não pertenceria à elite, mas que ele é um representante legítimo do povo. Pela lógica conservadora reacionária, em que maioria de um ponto de vista socionormativo é o mesmo que povo, esse personagem, ainda que usufrua de muitos privilégios, não representaria a "elite" porque não antagoniza o significado normativo de "povo". Esse é o mesmo mecanismo de esvaziamento do sentido da contraposição *demos versus elite* que fez com que Donald Trump, um homem da elite branca norte-americana, fosse reconhecido por seus seguidores como um defensor das pautas do "povo". A ideia de que o povo é a maioria normativa visa eliminar a noção de interesse comum, em que qualquer tentativa de se estabelecer o debate em nome do interesse comum é entendida como afronta ao desejo da maioria, portanto do "verdadeiro povo". Desse modo, o próprio jogo democrático

---

[34] Fala de Ernesto Araújo, ex-ministro das Relações Exteriores. Disponível em: https://www.cartacapital.com.br/Politica/nazismo-de-esquerda-o-absurdo-virou-discurso-oficial-em-brasilia/.

[35] Fala de Olavo de Carvalho, escritor e influenciador digital, falecido em janeiro de 2022.

torna-se um antagonista ao "povo". Esse argumento embasa a premissa de que a defesa de grupos precarizados e de pautas politicamente minoritárias faz parte de um projeto elitista da esquerda política, que estaria favorecendo uma minoria em detrimento da maioria.

Em *The Revolutionary Tradition and Its Lost Treasure*, Hannah Arendt define a elite a partir da noção de uma elite política que tem como seu objetivo determinar o destino político de uma maioria, porque seu governo sobre "os muitos" consiste na tentativa de manter sua "ilha de liberdade" protegida do "mar de necessidade" à sua volta. Se "povo" consiste na coexistência entre elites e grupos precarizados, a elite para manter seus sistemas de privilégios e garantir sua liberdade necessita proteger as fronteiras que a definem.

> O fato de que as 'elites' políticas tenham sempre determinado os destinos políticos de muitos e tenham exercido, na maioria dos casos, um domínio sobre eles, indica, por outro lado, a necessidade amarga desses poucos de se protegerem contra os muitos, ou melhor, para proteger a ilha da liberdade, eles passaram a viver contra o mar da necessidade à sua volta. (ARENDT, 2000, p. 530)[36].

Diferentemente das elites que Arendt nomeia como "elites profissionais" que criam seus próprios critérios de distinção e excelência, para a autora, a "elite política" é definida a partir da capacidade de participação dos indivíduos nas decisões políticas. A elite política, para garantir seu exercício do poder político, necessita criar espaços de liberdade para si, criando critérios de separação para "os poucos" que detêm a igualdade entre si em face dos "muitos" precarizados. Nesse sentido, a fim de que ela possa garantir sua "ilha de liberdade", a elite política necessita manter estreita relação com as agendas neoliberais, agindo politicamente para dar suporte a campanhas eleitorais do seu interesse; negociando, por meio de *lobbies*, leis que aprovem o fomento econômico e isenções de impostos às grandes

---

[36] Tradução livre do trecho original: "The fact that political 'elites' have always determined the political destinies of the many and have, in most instances, exerted a domination over them, indicates, on the other hand, the bitter need of the few to protect themselves against the many, or rather to protect the island of freedom they have come to inhabit against the surrounding sea of necessity." (ARENDT, 2000, P. 530). Na tradução livre do trecho, optou-se em traduzir "many" por "muitos" e "few" por "poucos", ainda que sem a flexão de gênero, ao invés da utilização dos termos "maioria" e "minoria". Os termos "maioria" e "minoria" têm sido usados exaustivamente em discursos discriminatórios como forma de deslegitimação das pautas de minorias políticas precarizadas, sugerindo que o termo "minoria" teria significado igual ou correlação direta às elites econômicas e políticas. Dessa forma, o uso de termos quantitativos como "muitos" e "poucos" busca rememorar a exclusividade dos privilégios das elites econômicas e políticas que se apartam de qualquer maioria quantitativa — em que as minorias políticas estão incluídas —, uma vez que os muitos e as muitas sempre constituíram politicamente o conjunto das populações precarizadas da sociedade.

empresas e ao agronegócio oligárquico; promovendo a criação e aprovação de reformas governamentais que favoreçam privatizações e cortes de gastos públicos, a despeito da precarização das vidas em situação de vulnerabilidade social; reivindicando o socorro estatal sempre em prontidão aos bancos; e, acima de tudo, investindo em formas de garantir que o Estado e a opinião pública sejam favoráveis à manutenção da lógica do mercado financeiro.

Portanto, falar de uma elite intelectual ou acadêmica como um poder paralelo e autônomo em relação à elite econômica, que estaria fora das dinâmicas das relações de poder, é um argumento problemático. Além disso, com o esvaziamento e ressignificação de sentido que o termo elite assumiu no discurso conservador reacionário durante o período de crise democrática, o uso do termo "elite universitária", como possibilidade de interpelar e acionar as alas políticas progressistas, não é capaz de confrontar a semântica autoritária; ao contrário, pode até mesmo fazer coro com ela. Contudo, ainda que meios intelectuais possam ser corrompidos em nome de privilégios político-financeiros, e que historicamente os critérios de excelência se formaram a partir de referenciais elitistas, os espaços da inte- lectualidade como as universidades, a imprensa e a cultura são ferramentas imprescindíveis para confrontar os sistemas de exclusão das elites políticas.

Com os efeitos da expansão universitária, a elite política se sentiu diretamente afrontada em sua "liberdade" e "igualdade". Após mais de uma década da implementação de cotas nas universidades, as narrativas antidemo- cráticas do conservadorismo reacionário têm reivindicado com ainda mais força uma suposta valorização da "alta cultura" e da meritocracia, parâmetros esses que sempre alicerçaram a experiência de liberdade individual das elites político-econômicas. No sentido de uma volta ao passado que não teria sido corrompido pela presença de populações precarizadas — uma noção fundamental do pensamento reacionário —, o argumento defendido é o de que o acesso à universidade deveria estar garantido apenas a estudantes que consigam evidenciar desempenho acadêmico e cultural que correspondam aos parâmetros da elite política. Nessa lógica, o acesso às universidades públicas deveria atestar a condição de distinção de seus integrantes e, por isso mesmo, ela não poderia estar disponível a toda e qualquer pessoa que não tenha assimilado os códigos da elite. Uma afirmação do ex-ministro da educação, Ricardo Vélez-Rodríguez, retoma esse posicionamento político:

> [...] a seleção para a universidade não deve selecionar por **classe social**. Deve haver um ensino básico e fundamental de qualidade para que **quem quiser entrar na universidade,**

> **em pé de igualdade, possa, em termos de conhecimento, conquistar** sua vaga na universidade.[37]

Entenda-se aqui o emprego do termo "classe social" em referência ao sistema de cotas. Ao mesmo tempo que o movimento reacionário-conservador acusa as universidades de um elitismo baseado na ideia de ônus aos cofres públicos e de ter custos mais altos que a educação básica, acionando o ressentimento da exclusão escolar, ele também defende parâmetros de distinção da elite, em que o sistema de cotas não deveria ser considerado, mas sim o conhecimento previamente adquirido por meio de uma trajetória de escolarização. Essa é uma narrativa que faz parte de um conjunto de argumentos que também defende a volta de uma "alta cultura", aquela de uma época em que a cultura no Brasil ainda estaria preservada, visto que hoje se encontraria em processo de degradação. O que parece ser, a princípio, uma incoerência desse movimento é na verdade uma estratégia discursiva. O mesmo ex-ministro Abraham Weintraub, que perguntou ao "pagador de impostos" o que ele faria em seu lugar para garantir creches às crianças pobres, cujas famílias não teriam condições financeiras para custear sua educação, considera que as universidades privadas são uma solução para *"que a sociedade possa buscar sua felicidade. E isso só é possível com um setor de ensino superior fortemente baseado na iniciativa privada, fortemente livre para se desenvolver e atingir suas metas"*. O compromisso firmado nessa fala do ex-ministro é justamente garantir a "ilha de liberdade" da elite. Há um abandono da educação como bem comum, recusando-se o compromisso de liberdade em coexistência com os muitos "esfarrapados do mundo" (FREIRE, 2011).

Do ponto de vista de uma consideração crítica do elitismo na academia, o advento da expansão universitária permitiu que fossem evidenciados de forma mais perceptível os contornos históricos da exclusão social. Se antes somente um conjunto de cânones consagrados na cultura ocidental e colonial europeia eram aceitos como referência epistemológica na academia, agora toda uma nova epistemologia reivindica o trânsito de conhecimentos descolonizados e de experiências subalternizadas na elaboração de técnicas e métodos da atividade intelectual acadêmica. O fator crucial na "deselitização" da academia tem sido a possibilidade de movimentação/ aparência pública e epistêmica da precariedade. O que significa dizer que para enfrentar o elitismo na academia não se trata simplesmente de eliminar os antigos cânones coloniais, eurocêntricos, brancos e masculinos e, então,

---

[37] A declaração do ex-ministro Ricardo Vélez-Rodríguez pode ser conferida em vídeo postado no canal de YouTube do Ministério da Educação. Vídeo disponível em: https://www.youtube.com/watch?v=zua8JwcN_9I.

instituir um neoacademicismo purificado e liberto de referências ultrapassadas; tampouco se trata de ressignificar o termo "elitismo" em nome da preservação da tradição intelectual enquanto marco original de um belo passado. Ao invés disso, seria necessário comprimir o conceito mais genérico de elite, bagunçar as fronteiras de sua ilha, promovendo a abertura para o trânsito "dos muitos". Na movimentação da pluralidade entre o antigo e o novo conhecimento, a intelectualidade encontra possibilidades infinitas de criar, averiguar, refutar, reelaborar e redefinir os critérios acadêmicos.

É preciso que haja trânsito livre, sem os "cercamentos" (DARDOT; LAVAL, 2017) da elite econômica, para que seja desfeita a confusão que o termo "elitismo acadêmico" tem colocado para o debate público. Em outras palavras, é a defesa de que o espaço acadêmico seja movimentado pela aparição pública e epistêmica da precariedade — em que mais pessoas possam ocupar o espaço acadêmico e fazer dele também sua ocupação —, que garantirá que o elitismo político neoliberal não se camufle como elemento inerente à intelectualidade. Assim, a distinção entre conhecer e não conhecer, entre quem detém os códigos e quem não os detém, não estará submetida à lógica do capital individual, que de antemão impõe uma relação de valor econômico e "poder simbólico" sobre o conhecimento (BOURDIEU, 1989). Nessa perspectiva, por meio do reconhecimento de nossa coexistência, as diferenças não apaziguadas entre o velho e o novo, as assimetrias cognitivas e as distintas trajetórias escolares entre nós poderão ser a razão primeira pela qual construímos alianças em nome da multiplicidade da atividade intelectual.

## PAULO FREIRE, O TEMIDO

> Na verdade, porém, não é a conscientização que pode levar o povo a "fanatismos destrutivos". Pelo contrário, a conscientização, que lhe possibilita inserir-se no processo histórico, como sujeito, evita os fanatismos e o inscreve na busca de sua afirmação. (FREIRE, 2011, p. 32, grifo do autor).

Por que seria necessário destruir a reputação de Paulo Freire? Por que seria preciso fazer ruir sua história, o símbolo de sua obra e sua figura como patrono da educação brasileira? Esses foram os questionamentos que me ocorreram quando as alegações de *influencers* do movimento reacionário-conservador afirmavam que Paulo Freire seria um genocida. Ao buscar essas respostas a partir das próprias obras de Freire, compreendi algo inesperado. As obras de Paulo Freire respondem ao ódio antes mesmo que ele seja formulado. Antes que a discriminação, que o nojo ao outro e a avareza do espírito se tornassem as lanças das narrativas odiosas, Freire havia forjado seu escudo. A beleza do pensamento de Freire é um refúgio em tempos de "guerra cultural".

É possível constatar que seus acusadores não são leitores de Paulo Freire que meramente decidiram refutar a sua obra. Eles não são seus leitores. Contudo tomaram para si uma função refutadora de antemão, em que o que rejeitam é a postura teórico-política de Freire para a educação, que tem como base um ideal de sociedade democrática. Como estratégia de injúria, seus acusadores se dizem "leitores" das suas obras e apresentam Paulo Freire a seus seguidores como o inimigo ideal — temível e menosprezável; um educador que conjugaria sua comprovada incompetência com seu posicionamento político destruidor. Mas, afinal, o que seria o posicionamento político destruidor de Paulo Freire em suas obras? Podemos sugerir que a resposta é o diálogo, uma atitude política que, de acordo com Freire, nos possibilita desenvolver a capacidade de ler o mundo criticamente. Algo que na linguagem do movimento reacionário-conservador é traduzido como a nocividade do "marxismo cultural".

Em sua guerra cultural, o movimento reacionário-conservador tem produzido seus próprios demônios, sejam eles ideias ou pessoas que impactem a constituição do campo comum da cultura, e seu objetivo é o de tentar constranger a possibilidade de constituição de uma realidade compartilhada. Seus inimigos, uma vez selecionados, emergem discursivamente como personagens da degeneração social com um posicionamento político-subjetivo perverso e desumano — ao qual nomeiam de *comunista*. Desse modo, Karl Marx, intelectual que elaborou a reflexão teórica acerca do socialismo, base do ideário comunista, é quem se torna a personificação originária do inimigo comunista.

Qualquer associação real ou fantasiosa a ele e suas ideias confirmariam a evidência de que haveria um plano conspiratório para promover a degeneração social, algo que estaria atualmente em curso em todo o mundo. O pensamento de Karl Marx se torna um componente central e inegociável para a criação de um inimigo comum a ser combatido na guerra cultural.[38]

---

[38] É importante ressaltar que para a base mais intelectualizada do movimento reacionário-conservador — o Tradicionalismo católico —, Karl Marx não seria a figura que inaugura a degradação do mundo. A própria modernidade, em sua relação tumultuosa com a Igreja Católica, seria a grande causadora da degenerescência contemporânea. As *nuances* desse conflito são abordadas no capítulo dois do livro.

UNIVERSIDADES SOB A MIRA DO ÓDIO

Para os intelectuais do movimento, um projeto conspiratório de destruição do humano teria se iniciado de forma deliberada a partir do advento da Revolução Francesa. A figura de Karl Marx aparece nessas narrativas da guerra cultural como aquele que cria o ápice da destruição. Marx se torna uma figura importante para cumprir com um desfecho narrativo, facilitando o uso de uma linguagem mais atualizada e reconhecível para as massas nos dias atuais. A partir das narrativas de disputas políticas entre capitalistas e comunistas no período da Guerra Fria, o comunismo e a figura de Karl Marx ficaram popularmente conhecidos como perigosos à manutenção das sociedades capitalistas. Essa narrativa é agora reapropriada e reelaborada pela extrema-direita atual.

Na perspectiva do revisionismo histórico reacionário-conservador, ao longo das últimas décadas as ideias de Karl Marx teriam chegado ao seu ápice de dominação pelo fato de que elas teriam sido transmutadas do campo dos regimes de governo para o campo da cultura, evidenciando seu potencial ainda mais destruidor com os movimentos de contracultura dos anos 1960. Esse marco cultural — a emergência dos movimentos pelos diretos civis na história recente — teria dado impulso a um plano global da esquerda política. Ali teria sido iniciada uma mudança do curso de transformação social comunista que antes era revolucionária e violenta[39], e que agora promove um projeto de "doutrinação" cultural que priorizaria o diálogo para "docilizar", descristianizar e globalizar as pessoas "de bem" — estes seriam os fundamentos do *marxismo cultural*. Essa mudança para o campo da cultura — que abarcaria a intelectualidade produzida pela academia, pela imprensa e pelas produções artísticas — teria o intuito de impor disfarça-damente ideais comunistas por meio de uma *doutrinação* que influenciaria todas as áreas da vida, contaminando, assim, os valores ocidentais cristãos e patriarcais, tornando o mundo um lugar hostil e potencialmente mortífero à manutenção da família, da pátria e da moral cristã.

> [Influencer-BP] [...] a *New Left*: Um movimento que tinha como objetivo ser a **esquerda purificada**, muito mais atraente e progressista. Sua visão da forma de comunicar suas intenções [era] (sic) por meio do desconstrucionismo e

---

[39] Regimes autoritários como o Nazismo, Stalinismo e o Fascismo, com exceção da ditadura militar brasileira, são apontados pelo movimento reacionário-conservador como regimes violentos por terem todos supostamente sofrido influência dos ideais socialistas. A acusação é a de que esses regimes mobilizaram as massas de forma "coletivista", apostando em um projeto de mobilização coletiva, uma ideia que estaria no centro das ideias marxistas e que seria contrária à defesa das liberdades individuais. Portanto, para o movimento, o uso do termo "coletivo" seria por si só uma apologia ao comunismo.

> reformando sua maneira de agir com base nas **origens do marxismo**, escondendo todos os genocídios cometidos na busca pela utopia comunista. Começava um novo processo de reciclagem da comunicação comunista, abraçando a **contracultura** dos anos 60, o movimento Hippie, a libertação (sic) das **drogas, a libertinagem sexual e o aborto**.

O amálgama de definições em torno da acusação comunista, ainda que de forma aparentemente imprecisa[40], visa classificar coisas, ideias ou pessoas sem que haja compromisso com fatos. Afinal, a verdade dos fatos é um campo instável para a coerência das narrativas autoritárias, porque ela compõe um aspecto da realidade comum. Para o movimento, a única referência possível para um entendimento da realidade e do uso correto da linguagem é aquela mediada por *influencers* que se tornaram os porta-vozes da guerra cultural. Destituídas de complexidade e enxergando na ideia mesma de complexidade um plano global comunista para distorcer a realidade, as narrativas autoritárias denunciam as influências marxistas nas disciplinas das humanidades como uma prova (autoevidente) da intrincada relação entre educação, academia, comunismo e degradação social.

E é nesse contexto que Paulo Freire, patrono da educação brasileira, é compreendido como uma influência maligna, um típico comunista. O ódio a Paulo Freire personifica a criação do inimigo ideal para o âmbito da educação brasileira. Identificado pelo movimento como um expoente comunista nocivo para educação brasileira, as obras de Freire seriam perigosas para a sobrevivência das famílias e para a fé cristã. De acordo com um interlocutor da agenda reacionário-conservadora, Freire teria sido um defensor do extermínio de minorias políticas:

> [Influencer-TG] Hoje é comum escutarmos aquele discurso de que precisamos defender as minorias. Paulo Freire, na verdade, o que ele gostava de pregar era o que? Era a **extinção da minoria** à luz de uma massa idealizada.
> [...] Dentro de uma sala de aula nós temos, por exemplo... um aluno católico dentro de uma escola pública – e, um aluno de uma boa família, um aluno estilo São Domingos Sávio. Ele vai ser o que dentro de sala de aula? Ele vai ser exenerado (sic), **vai**

---

[40] A aparência de imprecisão se dá pela forma ampla e maleável como a linguagem própria do movimento é utilizada para definir o que seria qualificado como comunista ou não. Seus métodos consistem na apropriação e ressignificação de termos socialmente definidos, alguns utilizados nas produções acadêmicas e em movimentos sociais, para dar suporte à coerência das narrativas. Em outras palavras, qualquer elemento de interdição ou afronta a essa coerência será compreendido como ideia ou pessoa comunista, mesmo que em muitos casos a acusação não seja verídica.

**ser expulso... exatamente essa é premissa** [de Freire]. **Paulo freire prega isso** — deixo muito claro no livro —, **assim como Marx, uma própria transformação do ideal de família.**

Se retomarmos um pouco da história de Paulo Freire e o que ele representa como pensador e educador para o campo da educação brasileira, não é difícil compreendermos como e por que Freire se tornou um dos adversários ideais para esse movimento. Em primeiro lugar, porque a conexão entre as obras de Freire e a influência das teorias marxistas não é uma fábula. A obra de Freire foi ricamente influenciada não apenas por Karl Marx, mas por diferentes pensadoras e pensadores que questionaram, dentre outros assuntos, regimes políticos autoritários, contrários à liberdade política da vida de certos grupos em detrimento de outros. Como afirma Luiz Augusto Passos,

> A defesa da vida, a emancipação dos dominados, era o lugar progressista, intransigentemente assumido e que lhe custou prisão, degredo e proibição de retorno ao país. Vidas vividas com peso ético-político como a de Emmanuel Mounier, Fanon, Sartre, Merleau-Ponty, Simone Weil, Hannah Arendt, Agnes Heller e Edith Stein, estas últimas, mulheres da fenomenologia alemã, eram citadas por Freire junto a Marx, Lucáks, Kosik, Gramsci e Marcuse, suas fontes inspiradoras declaradas. (PASSOS, 2010, p. 332).

Portanto, a ideia de que Freire seria algo como um *emissário* do marxismo, alguém interessado em implementar um plano de doutrinação comunista, e não um pensador da educação, serve como suporte às narrativas conspiratórias que facilitam a difusão de bordões simplistas contra o autor, criando uma espécie de pavor em torno de sua figura. A tal ponto que Freire é apontado também como o responsável por todos os problemas educacionais no país nas últimas décadas. Os muitos problemas históricos da educação brasileira passam a ser traduzidos nas narrativas autoritárias como resultado da ampla influência comunista introduzida por Paulo Freire, tornando suas ideias uma espécie de delito contra a educação brasileira, como expressa um *influencer*:

> [Influencer-FM] Paulo Freire é sempre, assim, vamos dizer, extremamente defendido pela esquerda. [...]. Bom, a gente tem aqui um pequeno detalhe, né? Se este cara é o maior educador do Brasil e o Brasil tá com esse método, tá com esse resultado... é..., terrível, então esse cara [Paulo Freire] tem algum problema aí, né? Esse cara não tá conseguindo explicar direito... não tá conseguindo dar uma... vamos dizer... uma

resposta adequada aos nossos problemas. Quer dizer, **ele é muito mais culpado do que uma pessoa pra ser, assim, enaltecida. [...] O nível de alfabetismo no Brasil... ele despencou**[41], isso aqui é um **fato da vida**. Se você quiser **analisar** isso, **você entra no Twitter ou no Facebook, qualquer rede social, e veja um post de jovem.**

Duplamente condenado — pelas narrativas autoritárias contemporâneas e pela ditadura militar nos anos 1960 —, Paulo Freire entra para a rede de linchamentos virtuais do século XXI sob as mais diversas acusações de difamadores digitais. As acusações são de que ele teria sido um educador incompetente, um defensor da segregação populacional e até mesmo um defensor do genocídio. Segundo *influencers* digitais do movimento reacionário-conservador:

> [Olavo de Carvalho] **Paulo freire criou uma estratificação social invencível.** Se você nasceu filho de pedreiro é para você ficar pedreiro o resto da sua vida. Você se inscreve no partido comunista e continua pedreiro [...]. Vai continuar sendo da [mesma] classe social. [...] **Você aprende aquela gramática da sua classe social e fica preso ali o resto da sua vida,** você não consegue falar com o cara da outra classe social. Você cria uma **estratificação social hierárquica,** invencível. E você acha que isso é democrático?

> [Influencer-TG] Tomei nota de um livro chamado *A* (sic) *Pedagogia do Oprimido,* que é a obra clássica de Paulo Freire. E aí eu li *A* (sic) *Pedagogia do Oprimido* e eu **fiquei espantado** porque ainda escolhi, sem querer... acabei tendo contato, sem querer, com **uma obra extremamente agressiva** que sublinha o que chamei ele a pouco; de **genocida.** Porque, por exemplo... frases como, por exemplo, esta: "a revolução é biófila, para gerar vidas ela tem a liberdade de **retirar vidas".** Quem diz isso é o que? Quem endossa o que ele

---

[41]  Como foi discutido anteriormente, os dados do Inaf de 2018 mostram que de 2001 a 2018 houve crescimento, mesmo que modesto, do nível de alfabetismo no Brasil, e não seu decréscimo como afirmou o *influencer*. Ademais, a afirmação de que a eficácia dos métodos de alfabetização no Brasil teria uma relação direta com a obra de Paulo Freire é completamente incabível. Os sistemas educacionais no Brasil possuem autonomia considerável para decidir sobre seus conteúdos programáticos. As escolas brasileiras, públicas ou privadas, redigem anualmente seus PPPs (Projeto Político-Pedagógico) a partir da participação da comunidade escolar de forma independente das secretarias de educação dos estados. Uma das funções do PPP é avaliar a realidade socioeconômica da comunidade discente que será atendida naquela unidade escolar. Certamente, a autonomia escolar na elaboração de PPPs colaboram para uma maior eficácia da alfabetização no Brasil precisamente quando investimentos em recursos materiais e humanos mais falham em atender às necessidades da educação pública brasileira.

endossou é o que? Eu não encontrei palavra melhor [que genocida] até agora.

Interpretar a pedagogia de Freire como uma apologia de estratificação social vai exatamente no sentido oposto ao da sua proposta. É porque a sociedade de classes é uma sociedade estratificada a priori que a obra de Freire se debruçou sobre métodos que pudessem promover a autonomia das populações mais alijadas do sistema educacional. A visão pedagógica de Paulo Freire foi tão bem-sucedida quando colocada em prática que seu trabalho se tornou uma referência para a educação internacional, com inúmeras publicações acadêmicas sobre o assunto e várias de suas obras traduzidas em diferentes países. A outra acusação, a de que Freire defendeu o genocídio em *Pedagogia do Oprimido*, é uma leitura completamente errônea do trecho referido, em que há uma adulteração de palavras e sentidos.

O referido trecho de *Pedagogia do Oprimido*, em sua versão original, diz que: "A revolução é biófila, é criadora de vida, ainda que, **para criá-la**, seja obrigada a **deter** vidas que **proíbem a vida**" (FREIRE, 2011, p. 233, grifo meu). Deter vidas, no contexto explícito do pensamento de Freire, trata-se de estabelecer barreiras para aquelas expressões de vida que não permitem o surgimento de novas vidas. Em outras palavras, trata-se de deter condutas autoritárias exercidas por pessoas que usam seu poder e seu status para proibir aquelas que não possuem meios de garantir sua participação política de forma autônoma na sociedade. Desse modo, aquilo que foi distorcido como uma apologia ao genocídio é seu oposto. Consiste em uma ideia de sociedade que possa "deter" as condições que permitiriam o genocídio. É preciso deter — barrar, conter — ideais que são contra a vida em sua multiplicidade. E não *"retirar"* vidas, algo que Paulo Freire evidentemente jamais defendeu. Ao analisarmos essas narrativas, é possível identificar que pontos centrais da obra de Freire são precisamente os elementos mais deturpados pelo movimento reacionário-conservador; são aqueles em que Freire defende perspectivas democráticas para a educação em sua relação com a sociedade.

Pessoalizar o "mal", apontar-lhe um nome e investir na deturpação de elementos que formaram a cultura e que se estabeleceu no âmbito da história nacional — como é o caso de Paulo Freire — faz parte de um projeto que busca o desmantelamento do *senso comum* e que só pode ocorrer porque a mentira entra como um elemento de criação da "verdade", um elemento de criação que, como afirma Arendt, surge na política porque ela faz parte de nossa capacidade de criar (ARENDT, 1995). Ao mesmo tempo, a mentira não pode se desconectar completamente dos fatos, e os fatos, nesse caso, confirmam a importância de Paulo Freire para a educação brasileira. Se o pensamento de Freire não fosse tão potente para a política e a educação brasileira, ele nunca teria entrado para rede difamatória desse movimento. Nesse sentido, seria necessário fazermos algumas indagações. O que há na obra e na biografia de Paulo Freire que provoca tanto medo e abjeção no movimento reacionário-conservador?

O livro *Pedagogia do Oprimido* é indubitavelmente o trabalho mais popular e internacionalmente reconhecido de Freire. O próprio autor e, posteriormente, estudiosos de seu trabalho afirmam que suas obras subsequentes derivam das ideias lançadas inicialmente ali — na discussão das dinâmicas de poder entre "opressores" e "oprimidos" (FREIRE, 2011). No entanto um dado interessante sobre suas obras diz respeito àquele mencionado sobre a questão do medo. Em *Medo e Ousadia*, ao ser perguntado em uma entrevista se sentiu medo ao ser levado para a prisão na ditadura militar, Freire responde que sim e que considera o medo como uma faceta do desejo pela transformação política em defesa da liberdade. O autor afirma que "o medo existe em você, precisamente porque você tem o sonho. Se seu sonho fosse o de preservar o status quo, então o que você teria a temer?" (FREIRE, p. 99, 2013). Para Freire a negação do medo, sua racionalização, seria também a negação de um sonho de transformação, ou, como menciona em outros momentos, um "medo da liberdade".

Freire faz uma distinção assertiva acerca do sentir medo. Ele indica que o "medo da liberdade" pode acontecer devido a um outro tipo de medo que é diferente daquele que se sente por ansiar a transformação. Para ele, existem duas modalidades de medo relativos ao tema da liberdade. Um tipo de medo é aquele experimentado pelo "oprimido", em que aqueles e aquelas que se encontram envolvidos por uma leitura de mundo que representa a posição reacionária e opressora temem assumir a posição política da contestação. O outro tipo de medo é aquele experimentado por aqueles que pretendem manter a política como sua ferramenta opressora e que, por ser reacionária, temem a liberdade, buscando impedir mudanças sociais e garantindo seu status de poder (FREIRE, 2011). Para esse último grupo, que sente o medo da liberdade como uma possibilidade transformadora da sociedade, Freire foi e ainda é compreendido como uma figura temível, tanto na época do regime militar como entre os grupos autoritários atuais. E foi porque Freire respondeu com as suas obras a toda a violência da repressão que sofreu em sua vida pessoal, expressando seus sonhos e métodos para uma política libertária na educação, que o movimento autoritário fez dele um inimigo ideal — o "temível" comunista da educação brasileira.[42]

Se tomarmos os conceitos de "oprimido" e "opressor" na obra de Paulo Freire a partir das relações de poder que distribuem desigualmente as experiências da precariedade, seria possível afirmar que Freire teve o entendimento de que a defesa de uma política libertária para a educação deveria pensar a precariedade como seu ponto de partida — a "pedagogia do oprimido". Algo que talvez pudéssemos chamar também de uma pedagogia da "precariedade", no sentido que Judith Butler dá ao termo — a vulnerabilidade que é socialmente produzida (BUTLER, 2015). A pedagogia freiriana representa uma virada epistemológica para o campo da educação, em que a relação entre ensino e aprendizagem é compreendida como um fazer político, uma forma de agir e aparecer no mundo para transformá-lo. Desse modo, mesmo que Freire acione um referencial teórico próprio de sua trajetória como educador e pensador, é possível estabelecermos algumas relações entre o conceito de oprimido e o conceito de precariedade.

Uma das mais relevantes contribuições do seu pensamento à educação brasileira é a ideia de que a educação deve ser um campo de diálogo a partir de um compromisso com a realidade das populações precarizadas, tomando como ponto de partida o reconhecimento de que há um jogo de poder que produz as condições precarizadas. E, assim, seria imprescindível pensar a educação como um agir político voltado para o "aparecimento" das experiências sociais das populações menos favorecidas. A proposta de Freire sugere mudanças estruturais no entendimento de como deve ser pensada a pedagogia nacional, não mais como um projeto de aculturação de uma realidade de mundo elaborada por uma elite econômica. Por outro lado, ele propôs uma "pedagogia do oprimido" que fosse crítica e que revelasse as dinâmicas da produção de desigualdades e uma transformação educativa que deveria estar presente já nas primeiras vivências escolares pelos processos de alfabetização. Esse pensamento de transformação política é a base teórico-filosófica que orientou a prática educacional que veio a ser conhecida como "método Paulo Freire" para a educação.

---

[42] Paulo Freire também se configura como um inimigo ideal a esse movimento a partir de um outro aspecto conflitivo. Freire foi um cristão fervoroso que apoiava as premissas do movimento católico da Teologia da Libertação. O capítulo dois explora as conexões do movimento reacionário-conservador atual com o catolicismo tradicionalista que historicamente tem rivalizado com as teologias cristãs mais progressistas. Desse modo, o posicionamento religioso de Freire também é um ponto de grande desavença com o movimento atual.

Paulo Freire priorizou a alfabetização popular como um projeto inicial para o acesso à cidadania justamente em oposição à ideia de "ascensão social", uma noção que reverbera tanto no discurso meritocrático neoliberal quanto no discurso reacionário-conservador, em que a ideia de cidadania é uma condição política conquistada por meio da assimilação de uma sociedade hierarquizada e patriarcal. Desse modo, Paulo Freire se tornou uma figura antagônica relevante ao projeto ideológico autoritário. Dois aspectos da obra de Paulo Freire são centrais para esse antagonismo. O primeiro aspecto diz respeito à forma como Paulo Freire entende a cultura e a educação e quais populações não deveriam ser excluídas de seu acesso — as populações precarizadas, ou "os esfarrapados do mundo" (FREIRE, 2011). O segundo aspecto da sua obra é como Freire entende o processo ensino-aprendizagem e a relação entre docentes e discentes, tal como descrito no seu livro *Pedagogia da Autonomia*. Para Freire a autonomia do pensar deve ser cultivada, sendo que tanto quem ensina como quem aprende se reconhecem em posições intercambiantes (FREIRE, 2009). Todas as questões que são caras às obras de Freire se mostram como um problema para o movimento reacionário-conservador se consideramos que o patrono da educação brasileira sustenta que:

> A educação problematizadora, que não é fixismo reacionário, é futuridade revolucionária. Daí que seja profética e, como tal, esperançosa. Daí que corresponda à condição dos homens como seres históricos e à sua historicidade. Daí que se identifique com eles como seres mais além de si mesmos — como "projetos" —, como seres que caminham para frente, que olham para frente; como seres a quem o imobilismo ameaça de morte; para quem o olhar para trás não deve ser uma forma nostálgica de querer voltar, mas um modo de melhor conhecer o que está sendo, para melhor construir o futuro. (FREIRE, 2011, p. 103).

A ideia de revolução de Paulo Freire é aquela que considera a historicidade da vulnerabilidade socialmente produzida. Algo completamente contrário ao projeto educacional reacionário-conservador, que defende que é preciso devolver à educação brasileira um passado aristocrático da *"alta cultura"*. De acordo com tais narrativas, a suposta volta da "alta cultura" só poderia acontecer quando os "homens de bem" se libertarem do *establishment* comunista e desenvolverem um espírito autodidata, fora da academia e em oposição ao comunismo de Paulo Freire, no qual a busca pela "liberdade" encontraria a inspiração divina — o único e verdadeiro conhecimento. Visto que as escolas e as universidades públicas estariam corrompidas pelo *establishment* comunista e jamais permitiriam o espírito livre daqueles que que valorizam a "alta cultura", o povo "de bem" deveria salvar a educação brasileira do "marxismo cultural" a partir da sua tomada de consciência pela via das mídias digitais — lugar onde a verdade estaria protegida. O paradoxal nessa narrativa é que ela busca mobilizar uma massa ressentida — em grande parte excluída da universidade pública e do sistema educacional como um todo — para que ela assuma como causa própria a "alta cultura", a defesa de uma elite política conservadora e reacionária. Isso é justamente o que Paulo Freire denunciou como uma reprodução do discurso do "opressor" sobre a vida dos "oprimidos". Como afirma Freire,

> Nenhuma pedagogia realmente libertadora pode ficar distante dos oprimidos, quer dizer, pode fazer deles seres desditados, objetos de um "tratamento" humanitarista, para tentar, através de exemplos retirados de entre os opressores, modelos para a sua "promoção". Os oprimidos hão de ser o exemplo para si mesmos, na luta por sua redenção. (FREIRE, 2011, p. 56, grifos do autor).

Nas palavras de Henry Giroux, a pedagogia para Paulo Freire "era um ato político e performativo", era também estratégica por ser "parte de uma prática política mais ampla em prol da mudança democrática", não se tratando de um método de procedimentos pretenciosos e simplistas (GIROUX, 2010). À luz de sua trajetória, toda a atuação política e acadêmica de Freire se dedicou ao questionamento das formas reacionárias e autoritárias que tentavam impor uma cultura nacional de desvalorização da população brasileira. Os defensores da "alta cultura" são os mesmos que tentaram em décadas anteriores combater algumas transformações acadêmicas que visavam à efetivação de práticas democráticas para a ciência no Brasil. Transformações essas que se iniciaram entre os anos 1950 e 1960 com o surgimento do Instituto Superior de Estudos Brasileiros – Iseb (OLIVEIRA; ARAGÃO, 2020), mas que sofreram forte repressão a partir do levante reacionário que deu amplo suporte à instauração da ditadura militar. As elites conservadoras olharam com desconfiança o fato de que integrantes do Iseb pretendessem pensar os problemas do Brasil a partir de uma perspectiva teórica mais autônoma e mais alinhada à esquerda política (BIGNOTTO, 2018). Como veremos no próximo capítulo do livro, esse mesmo movimento autoritário dos anos 1960 deixou marcas profundas na política brasileira, contribuindo para a formação de uma linguagem que informa, até os dias atuais, a elaboração das narrativas autoritárias do movimento reacionário-conservador. E, não por acaso, Paulo Freire foi reapropriado nesses discursos.

É possível concluir que a retaliação póstuma a Paulo Freire, ao acusá-lo de ser um símbolo da degeneração comunista para a educação, é uma das mais relevantes indicações de que sua obra ocupa um papel fundamental para o debate democrático no Brasil. Se Paulo Freire foi tomado como um personagem temível para as investidas autoritárias do movimento reacionário-conservador é porque suas obras apresentam minuciosamente alguns dos temas mais caros à nossa democracia. Se estivesse vivo entre nós, qualquer resposta que Freire pudesse conceder hoje a seus difamadores, ela provavelmente já estaria contida ao longo de toda a sua obra. Por um lado, isso é lamentável, no sentido de que as práticas difamadoras e polemistas de alguns grupos políticos de outrora mudaram muito pouco de lá para cá. O histórico de mandonismos e patrimonialismos brasileiros permitiu que se passasse adiante uma espécie de tradição autoritária marcadamente brasileira. Por outro lado, o alarde furioso desse autoritarismo residual tem nos mostrado que as premissas do método de Paulo Freire continuam sendo oportunas e acertadas — as universidades públicas e a educação brasileira como um todo podem ser uma via possível de compromisso com o mundo, uma via de transformação política para o fortalecimento e a ampliação de práticas democráticas, para deter delírios reacionários e para permitir a futuridade da vida.

**2**

# UNIVERSIDADES E A GUERRA CULTURAL: LINGUAGENS DO FANATISMO

"Estamos vivendo o final dos tempos." É em torno dessa afirmação que teóricos e especuladores religiosos da extrema-direita global têm pautado suas narrativas conservadoras e reacionárias. Seja qual for o tipo de fim que anunciam, ou defendem — o fim do planeta, de uma era ou da vida em comum como a conhecemos —, uma premissa apocalíptica singular alcançou espaço na república brasileira e tem defindo os contornos do debate público.

O bolsonarismo, movimento que se concentrou na figura do então candidato à presidência Jair Bolsonaro em 2018, tem abarcado e veiculado o discurso reacionário-conservador. Desde aquele momento, as organizações políticas reacionárias e conservadoras brasileiras uniram suas pautas em torno da figura de um líder, um chefe de Estado, constituindo um movimento político que pudesse simbolizar uma nova era governamental, que pudesse lograr alterações na vida jurídica de cidadãos e cidadãs a partir de orientações intelectuais reacionário-conservadoras. E nesse sentido o movimento bolsonarista é um recorte temporal, político-governamental, que se formou a posteriori e em sobreposição ao movimento reacionário--conservador. Como qualquer agrupamento político, o movimento reacioná-rio-conservador pode a qualquer tempo substituir seus líderes, seja pela via da má coesão lógica-narrativa que rege sua conduta conservadora, no caso dos grupos religiosos, ou pela quebra da coesão lógica-narrativa inspirada no intelectualismo reacionário. Em todo caso, o líder, para assegurar sua posição, deve se mostrar habilidoso em manter seu discurso público coeso enquanto mensagem que traduz os símbolos do movimento que representa.

Os estudos de Isabela Kalil (KALIL, 2018) acerca do perfil de apoia-doras bolsonaristas mostraram que esse não é um grupo social homo-gêneo. Ao contrário disso, suas pesquisas indicaram que as motivações da adesão às promessas bolsonaristas tiveram origens diversificadas, configurando um total de 16 tipos de eleitores. Se consideramos os tipos bolsonaristas identificados por Kalil e as narrativas que busquei analisar, é possível observarmos que algumas alegações defendidas por esses grupos são similares.

Entretanto algumas das narrativas evidenciam que há duas perpectivas de mundo que orientam uma visão política que se divide entre dois campos de atuação ideológica, um de motivação conservadora e outro de motivação reacionária. Não faço qualquer suposição de que essas orientações ideológicas sejam completamente distintas uma da outra, mas proponho que é a combinação de suas premissas isoladamente que constitui a maleabilidade[43] das narrativas autoritárias da extrema-direita, produzindo os sentidos que corroboram tanto a perspectiva cultural quanto religiosa para o *"modo de vida conservador"* do bolsonarismo.

A convergência ideológica entre reacionários e conservadores religiosos contida nessa afirmação do "final dos tempos" é a de que a interpretação do mundo concreto só pode ser pensada se utilizarmos como referência o apocalípse bíblico, ou mesmo KaliYuga[44], em que o ponto de partida do colapso da sociedade se daria primeiro em um campo campo espiritual e predeterminado por forças divinas, portanto se refere a um tempo histórico e material, mas medido por parâmetros trancendentes. É em torno do tempo concreto, enquanto história, que surge uma tênue distinção entre as ideologias conservadoras e reacionárias. Assim se formam duas modalidades de um *ethos* autoritário que impacta na maneira como são organizadas as agendas políticas, as ideologias que orientam as ações no tempo e sobre o tempo, garantindo que as narrativas sejam sempre móveis e adaptáveis a diferentes grupos ideológicos.

A ideologia de base conservadora tem como intuito conservar o "tempo" quanto a valores, costumes e crenças — sua motivação é agir em negatividade, no sentido de conter o novo, deter a mudança, impedir as tranformações dos valores sociais e dar manutenção a valores vigentes sem que eles sofram alterações. Enquanto para a perspectiva da ideologia de

---

[43] Essa questão me foi levantada por Dayana Brunetto, que destacou a relevância de se pensar a plasticidade dos discursos autoritários no movimento reacionário-conservador.

[44] Kali-Yuga é um conceito profético elaborado pela teologia hinduísta e que faz parte das crenças contemporâneas da chamada filosofia perene — ou Perenialismo. Para essa teologia, o tempo da história humana seria dividido por quatro ciclos contínuos e repetitivos, em eras de abundância e de decadência social. Kali-Yuga seria o ciclo histórico mais decadente e terrível, em que a humanidade seria acometida da mais profunda ignorância e miséria espiritual. Durante o período Kali-Yuga, as castas morais inferiores da sociedade ascenderiam ao poder e obteriam riquezas; enquanto as castas morais mais elevadas seriam oprimidas e obrigadas a viver à sombra das castas inferiores, assim gerando a corrupção moral do mundo e o desequilíbrio das leis naturais harmônicas da vida em sociedade.

base reacionária o tempo é a matéria-prima para um agir em positividade. O reacionário, embora valorize a ideia de manutenção do passado, não despende suas energias no sentido de agir para a conservação de valores, porque para ele as garantias sociais que sustentariam sua conservação já não existem mais. Como pontua Mark Lilla, para a mente reacionária, os valores morais desejáveis se perderam e restou apenas uma lacuna do mundo ideal, um mundo transfigurado pela decadência, no qual as viturdes foram socialmente corrompidas (LILLA, 2018). Desta forma, para a ideologia reacionária não há o que conter, e sim que criar, reestabelecer artificialmente o tempo histórico em que os valores, crenças e costumes estavam socialmente garantidos.

Para ambos, o conservador e o reacionário, a *futuridade* enquanto novidade fortuita, e não o futuro cronológico, é o prenúncio do "final dos tempos". No desejo de um porvir que possa ser dominado e conduzido, combatendo o nascimento da novidade inauguradora da desordem social, as duas perspectivas de mundo formam sua aliança: trata-se da distopia de se criar um futuro em que não exista *futuridade*. A partir de uma interpretação do tempo como dois objetos distintos, o imanente e o transcendente, as estratégias autoritátrias para se apropriar da história se desenvolvem em torno das narrativas acerca do presente e do passado.

Para o conservador, é preciso fabricar o presente de maneira negativa, delimitando os contornos dos modos de vida socialmente aceitáveis para a experiência do agora; enquanto para o reacionário é preciso fabricar o passado, manifestá-lo positiva e concretamente em confronto com o presente, reforçando ou adulterando todo e qualquer referencial vigente. Desse modo, as estratégias do bolsonarismo se dividiram majoritariamente em duas frentes de atuação política. Uma pela via da ação política conservadora na tentativa de estabelecer retrocessos e impedimentos ao direito e à proteção de pautas que significassem avanços sociais de populações marginalizadas[45] — prevenindo ou contendo conquistas de grupos precarizados; enquanto a outra via de atuação, a reacionária, se dedicou ao estabelecimento de uma normatividade própria, no sentido de criar parâmetros histórico-ideológicos a fim de instituir um novo referencial intelectual que possa orientar o governo federal, as instituições e os modos de vida da população.

---

[45] A atuação de contenção conservadora pode ser dar em torno de pautas de transformação social que se configurem como uma contestação à moralidade religiosa ou à moralidade econômica, como no caso do neoliberalismo. Desse modo, a associação entre o conservadorismo e o neoliberalismo progressista pode encontrar, por vezes, pautas que lhes são comuns mesmo que em outros momentos existam grandes divergências.

A partir dessas duas frentes, pode-se observar que a atuação de orientação ideológica conservadora dentro do bolsonarismo tem tido um alinhamento ideológico maior com as alas evangélicas neopentecostais e neoliberais, representadas por figuras públicas que estiveram dentro e fora de seu governo, ligadas à área jurídica, contando com o apoio de pastores e interlocutores neoliberais que passaram a ocupar cargos no Ministério dos Direitos Humanos, no Ministério do Meio Ambiente e Ministério da Justiça, entre outros. Enquanto que a orientação ideológica reacionária do bolsonarismo, foco de análise desta pesquisa, atuou com maior envolvimento nos campos indicados pelo próprio movimento bolsonarista como culturais, como a Secretaria da Cultura, o Ministério das Relações Internacionais e, principalmnete, o Ministério da Educação[46]. Entre os reacionários bolsonaristas, destaca-se um engajamento maior de apoiadores religiosos católicos. Ainda que a distinção entre católicos e evangélicos nessa aliança por um movimento reacionário-conservador não seja significativa para distinguir a composição do perfil de apoiadores do bolsonarismo, são os católicos tradicionalistas, notadamente a partir do empreendimento midiático do falecido escritor Olavo de Carvalho, que têm projetado suas ideias para servir como base do projeto político-intelectual do bolsonarismo — o chamado *olavismo*.

O *olavismo* tem configurado um movimento cuja pauta principal é a consolidação de uma agenda intelectual reacionária, emcampada pelos apoiadores religiosos do bolsonarismo, tendo em Bolsonaro seu líder responsável por introduzir aquela ideologia de forma institucional. Em conversa com o escritor nas mídias digitais em 2014, o então deputado Jair Bolsonaro se comprometia a empenhar-se no combate ao comunismo no Brasil, acabando com todo tipo de corrupção moral que estaria assolando o país.[47] Ambos buscavam às vésperas das eleições daquele ano publicizar uma espécie de aliança que prometia sanar de uma vez por todas os problemas do país por meio de uma fórmula perfeita, a combinação entre a ideologia do intelectual destemido e o know-how do político honesto.

---

[46] Embora o ex-ministro da Educação, Milton Ribeiro, fosse um pastor evangélico de denominação presbiteriana, a pasta estava sob a guarda das orientações ideológicas reacionárias originariamente católicas. Os dois primeiros ministros que o antecederam, Ricardo Velez e Abraham Weintraub, foram nomeados a partir de indicações da chamada ala *olavista*, promotora da orientação reacionária tradicionalista do escritor Olavo de Carvalho. Diversos outros cargos dentro do ministério foram ocupados a partir de indicações do escritor e seu grupo de seguidores. Milton Ribeiro chegou a receber algumas críticas de olavistas por não ter demonstrado o mesmo engajamento ideológico que seus antecessores.

[47] Vídeo disponível em: https://www.youtube.com/watch?v=ZMpoOJ-NAzg.

Assim, em vários momentos, antes e depois das eleições de 2018[48], um exaltava as qualidades do outro, uma propaganda da união perfeita entre duas personalidades que ao se juntarem poderiam produzir uma revolução conservadora, um novo Brasil. Um Brasil livre da corrupção moral, soberano enquanto nação e completamente cristianizado. Daí o slogan de campanha *"Brasil acima de tudo, Deus acima de todos"*. Nessa perspectiva, para que esse projeto de transformação fosse tornado realidade, os conhecimentos de Olavo acerca da história política e social brasileira deveriam estar associados às habilidades políticas e militares de Bolsonaro, um deputado experiente que acumulava mais de duas décadas de mandatos eletivos e com carreira pregressa nas Forças Armadas. Desse modo tal união propagandizava uma solução final: duas personalidades combativas em conjunto e em perfeita harmonia; um seria aquele que pensa e o outro aquele que age por um novo Brasil.[49]

Com uma proposta sem base na realidade política brasileira, mas completamente coerente em suas narrativas, o *bolsolavismo* encantou boa parte da população e mobilizou paixões em diversos setores da sociedade — o fanatismo das massas proclamava então seu *"mito"*. Assim como nas propagandas totalitárias, a propaganda *bolsolavista* teve êxito justamente ao articular suas narrativas a partir da sua coerência (ARENDT, 2012), tornando a realidade um elemento inútil ou suspeito. A estreita relação entre a família de Bolsonaro e Olavo de Carvalho pôde dar a aparência de que aquela aliança inauguraria a *nova* ideologia brasileira no combate ao velho comunismo – e todos os problemas que ele teria instaurado no país –,

---

[48] Após a eleição, não demorou muito para que Olavo de Carvalho passasse a tecer críticas a Bolsonaro. O escritor esperava receber mais reconhecimento pela parceria e demonstrou seu ressentimento ao acusar Bolsonaro de não agir de forma a fazer do anticomunismo sua agenda principal — entenda-se, nesse caso, o desmantelamento do STF que estava investigando alguns de seus alunos na CPMI das Fake News. Em vídeo, Olavo de Carvalho afirmava que iria derrubar seu governo, que teria capacidade para tal. Em seus últimos anos de vida, o escritor fez críticas e elogios ao governo, mas sem se propor a romper definitivamente com o bolsonarismo. Sobre a CPI das Fake News, mais informações disponíveis em: https://congressoemfoco.uol.com.br/especial/noticias/ao-vivo-cpi-das-fake-news-ouve-o-blogueiro-allan-dos-santos/.

[49] A *sloganização* da imagem de complementaridade foi uma das estratégias de campanha e de início de mandato de Bolsonaro. Ele se apresentou como "dupla" com um de seus principais futuros ministros para o setor neoliberal, como foi o caso de Paulo Guedes. Bolsonaro afirmou que tinha um "casamento hétero" com Paulo Guedes e em outra ocasião usou a mesma analogia quando da contratação de Regina Duarte para a Secretaria da Cultura de seu governo. Também associou fortemente sua imagem a pastores de grande visibilidade midiática, como no caso de Silas Malafaia, o que lhe rendeu a simpatia do eleitorado evangélico neopentecostal. Devido à sua trajetória de ex-militar, Bolsonaro quis passar a ideia de que ele seria o homem da ação, deixando os assuntos de especialistas para os seus especialistas. Apostando na imagem de suas associações, Bolsonaro se projetava como um candidato perfeitamente coerente para as aspirações dos mais diversificados setores da sociedade.

algo que o regime militar não teria conseguido resolver no passado. Desse modo, era urgente que um momento histórico perdido — seus valores morais — fosse recuperado.

Na defesa dos valores tradicionais ocidentais, judaico-cristãos, essas duas perspectivas, a reacionária e a conservadora, encontraram na junção desses dois personagens da política atual brasileira uma linguagem comum. De forma mais acabada, o *bolsolavismo* representou para o movimento reacionário-conservador uma linguagem da coerência, destinada a trazer sentido às massas atomizadas e deslocadas de um lugar no mundo em meio à crise política brasileira. No entanto a liguagem do *bolsolavismo* na função de uma *nova* ideologia não é em si uma novidade na história da política brasileira — ela não traz qualquer ineditismo em seu conteúdo, nem poderia. Para que a massa pudesse aderir à propaganda da suposta nova ideologia anticomunista, a linguagem adotada foi aquela já consolidada ao longo de décadas no imaginário de grande parte da população.[50] De fácil ressonância para a massa, a linguagem resgatada foi aquela de outro momento conflituoso da política brasileira quando um levante católico tradicionalista conservador, nos anos 1960, liderado por Plínio Corrêa de Oliveira, fundou a TFP — Tradição, Família e Propriedade — que reivindicava, entre outras pautas, o fim do comunismo.

O que proponho, ao sugerir que a TFP possa ser entendida como uma linguagem, é que seus fundamentos se mantiveram ao longo das últimas décadas como um campo comum de inteligibilidade do pensamento conservador brasileiro. Embora outros movimentos da direita brasileira e internacional, anteriores ao surgimento da TFP, tenham sido significativos na formação da direita conservadora, como é do Integralismo de Plínio Salgado

---

[50] A propaganda anticomunista do movimento reacionário-conservador é semelhante à estratégia adotada no regime nazista que difundiu o antissemitismo a partir de uma já consolidada discriminação contra o povo judeu, não sendo necessário inaugurar um conteúdo novo para a mobilização das massas (ARENDT, 2012). Do mesmo modo, toda sorte de discriminações raciais, contra mulheres, homossexuais, pobres, povos indígenas e outras minorias políticas, já fazia parte da definição de comunismo da TFP desde a sua fundação nos anos 1960 (ZANOTTO, 2007). Os trabalhos de Gisele Zanotto discutem acerca dos ideais defendidos pela TFP desde sua criação até os dias recentes. De acordo com a autora, TFP é um grupo civil confessional que tem atuado no meio político-partidário desde sua fundação. Ao longo das últimas décadas, a organização se expandiu e formou diversos grupos TFPistas no Brasil e no exterior. Embora autônomos, os grupos seguem os preceitos de seu fundador, desse modo o vínculo entre os grupos "está fundamentado na base doutrinária que orienta cada uma das TFPs, derivada diretamente do pensamento de Plínio Corrêa de Oliveira." (ZANOTTO, 2007, p. 149). Até o ano de sua pesquisa, a autora catalogou mais de cem organizações ligadas à TFP presentes em todos os continentes. Os países com maiores números de organizações existentes foram o Brasil, com 15, os Estados Unidos, com 11, a França com 10 e a Itália com 9.

nos anos 1930, e o regime fascista italiano, a TFP se consolidou como uma ala da direita conservadora a partir da sua aliança política com o projeto da ditadura militar no golpe de 1964, um momento significativo da história do Brasil e que reverbera na formação de base da política bolsonarista.

Isso não significa afirmar que os fundamentos TFpistas foram adaptados pelo movimento reacionário-conservador para fundar um novo regime de governo, um método[51] ou um formato comunicacional de propaganda. Essas questões certamente existem na organização do movimento e envolvem outros aspectos acerca do contexto que explica as estratégias de formação e ascenção de uma extrema-direita política. A ideia de analisar a TFP como uma linguagem que, em certa medida, extrapola o próprio movimento bolsonarista está em consonância com a proposta de investigação da hipótese que identifica uma linha de relação entre a chamada ala ideológica bolsonarista e a história da TFP no Brasil. A base ideológica do Tradicionalismo católico que embasou e ainda embasa a TFP é a mesma que sustenta as narrativas produzidas por influenciadores digitais do movimento reacionário-conservador contra populações precarizadas, as universidades públicas, a ciência e a imprensa. A partir da ideologia que a TFP deixou como legado ao pensamento conservador brasileiro[52], em consonância com o fanatismo religioso atual e com os mecanismos de fácil pulverização de narrativas autoritárias pelas mídias digitais, o escritor Olavo de Carvalho e seus seguidores puderam mobilizar a linguagem TFPista de forma revisitada e transposta para a crise política que emergiu a partir de 2013, nas Jornadas de Junho, momento em que havia uma descrença generalizada nas instituições democráticas brasileiras.

---

[51] Quanto a um método do projeto bolsonarista, o artigo de André Duarte e Maria Rita de Assis César, "Negação da Política e Negacionismo como Política: pandemia e democracia", sugere que o negacionismo — ou uma ideia de negacionismo como política — foi utilizado como um método de produção de narrativas contra a ciência no interior do movimento bolsonarista que viabilizou a banalização das mortes durante a pandemia de Covid-19 (DUARTE; CÉSAR, 2020).

[52] Embora a TFP tenha sistematizado uma atuação política em direção à defesa de valores conservadores autoritários a partir do final dos anos 1950, as práticas do familismo, do patrimonialismo, do mandonismo e do racismo como um conjunto de valores próprios da sociedade brasileira já eram propostas historicamente consolidadas desde o período colonial até a instituição da República, como evidencia Lilia Schwarcz em sua obra *Sobre o Autoritarismo Brasileiro* (SCHWARCZ, 219). Na mesma esteira de discussões, em *O Brasil à Procura da Democracia*, Newton Bignotto ressalta que nos anos 1930, duas décadas antes da formação oficial da TFP, o país concebeu sua própria versão do fascismo Italiano com o movimento Ação Integralista Brasileira (BIGNOTTO, 2020). Desse modo, a TFP não inaugura narrativas completamente inéditas para o cenário político brasileiro, uma vez que os discursos autoritários são marcas da história da democracia brasileira.

Como veremos adiante neste capítulo, a ideologia do catolicismo tradicionalista foi reapropriada pelo movimento reacionário-conservador, elegendo o escritor Olavo de Carvalho como seu principal ícone, o qual buscou reatualizar[53] e publicizar a linguagem TFPista que se consolidou ao longo da ditadura militar. A reatualização das premissas da TFP em conjunto com movimentos conservadores religiosos dos anos 2000 pôde incluir em suas narrativas pautas como a do o pânico moral, como a das refências à *"ideologia de gênero"* e argumentos de *"defesa da família"*, produzidas em conferencias e documentos católicos (SILVA; CÉSAR, 2017; JUNQUEIRA, 2017). A confluência desses contextos promoveu a ideia de que a desgenerecência produzida pela ciência, principalmente no campo das humanidades, seria resultado de uma intelectualida universitária *"comunista"* — ideia já mobilizada pela TFP dos anos 1960 quando seus integrantes protagonizaram uma perseguição a intelectuais do Instituto Superior de Estudos Brasileiros (Iseb).

Desse modo, a *"tomada"* das universidades públicas seria um fator urgente para restaurar valores morais perdidos na sociedade. A universidade pública, ressignificada por uma classe intelectual conservadora cristã, e somente por meio dela, alicerçaria a instauração de um regime de governo genuinamente conservador. Por esse prisma, o conservadorismo necessitaria estar assegurado institucionalmente por meio de uma intelectualidade universitária hegemônica, uma casta intelectual apta a recuperar culturalmente um passado glorioso em que a ciência, a religião e o governo estrariam unificados — e somente desse modo a "verdade do mundo" poderia ser recuperada.

## TRANSCENDÊNCIA E RESSENTIMENTO COMO LINGUAGEM — A OUTRA VERDADE

> Se o passado e o presente são tratados como partes do futuro - isto é, mudados de volta ao seu estado anterior de potencialidade — o âmbito político é desprovido não apenas de sua principal força estabilizadora, mas do ponto de partida da mudança, para começar algo novo. (ARENDT, 2000, p. 569)[54].

---

[53] No blog do escritor, a TFP foi mencionada em 17 publicações, sendo a primeira vez em um texto de janeiro de 2000 e a última vez em fevereiro de 2012. Em nenhum texto há críticas à TFP, a não ser por uma reclamação do escritor em não ser tão bem-vindo à organização quanto gostaria. Nos demais textos, o escritor expressa simpatia à TFP e afirma que a organização e a Igreja são vítimas frágeis e indefesas frente ao *establishment* esquerdista.

[54] Tradução livre do trecho extraído do texto "Truth and Politics: Heidegger the Fox" (ARENDT, 2000). No original: "If the past and present are treated as parts of the future – that is, changed back into their former state of potentiality — the political realm is deprived not only of its main stabilizing force but of the starting point from which to change, to begin something new." (ARENDT, 2000, p. 569).

O advento da ditadura militar no Brasil, instaurada a partir de um golpe político em 1964, teve como grande justificativa o combate ao perigo *"comunista"*, termo que já havia adquirido um significado muito maior do que o de um regime de governo meramente opositor ao capitalismo. O cenário internacional vivia as tensões da Guerra Fria entre Estados Unidos e União Soviètica, uma disputa que se configurou como um conflito de corrida armamentista, mas ainda mais como movimento ideológico. O envolvimento do Vaticano na garantia da proteção da fé cristã no Ocidente fez com que a Igreja Católica não apenas fosse uma apoiadora das ditaduras na América Latina como também forneceu respaldo político a grupos religiosos reacionários, elitistas e autoritários.

A força política que a TFP adquiriu naquele momento no Brasil fez dela uma organização eficiente para expandir suas frentes de atuação, difundindo seus ideais nacional e internacionalmente, de tal modo que estar em alinhamento com o ideiais do militarismo da ditadura significava também estar de acordo com muitas das ideias escritas no livro *Revolução e Contra-Revolução,* de Plínio Corrêa de Oliveira, considerado por seus seguidores até os dias atuais como sua "obra mestra"[55]. Deputado eleito nos anos de 1930 e líder da bancada católica, Plínio Corrêa de Oliveira inaugura com a criação da TFP em 1960 um modo particular de reunir fé e política no Brasil que, além de ser cismática em relação ao Vaticano, estabeleceu a escatologia como medida referencial da ação política e do bem-estar da nação.

Diferentemente de reacionários menos pretenciosos[56] — em que a reação às mudanças se torna uma ferramenta de criticidade que não necessariamente se constitui como um movimento político organizado —, uma das preocupações de Plínio Corrêa de Oliveira era justamente que a TFP deveria estar inserida no meio político-partidário e também

---

[55] Disponível em: https://www.tfp.org.br/.

[56] Um exemplo foi a postura intelectual de Eric Voegelin. Como um crítico da modernidade, Voegelin considerou a transcendência como perspectiva teórica para pensar o horror do nazismo. Para ele a consciência espiritual fora devastada pela secularização e sua "espiritualidade" moderna. O autor considerou que era preciso reestabelecer a discussão da transcendência para que houvesse um equilíbrio nas ações humanas. Por esse seu posicionamento na interpretação do fenômeno nazista, Voegelin se tornou um pensador respeitado pelas alas mais conservadoras e reacionárias dos Estados Unidos. Contudo, nos anos posteriores, ao longo de sua vida acadêmica, sua falta de alinhamento aos pensamentos mais extremistas do movimento fez com que ele decepcionasse esses grupos (LILLA, 2018). Na direção da conservação da tradição filosófica, Voegelin optou por um caminho de reflexão que podíamos chamar hoje de reacionário no sentido mais clássico do termo — na crítica à modernidade, por sua defesa da espiritualidade e transcendência; mas não se empenhou em elaborar um ativismo político que sugerisse a adesão à grupos político-religiosos.

no âmbito da intelectualidade. Era necessário formar e recrutar intelectuais para promover os ideais TFPistas por meio de livros, revistas e jornais, produzindo conteúdos de interesse da elite econômica e da direita política, defendendo que somente com a formação de uma classe intelectual alinhada a esses ideais seria possível solucionar os problemas sociais do país (ZANOTTO, 2010). A TFP surge como uma organização civil confessional da direita católica com o propósito messiânico de salvar aquilo que em sua visão se trata de uma sociedade corrompida em valores morais devido aos malefícios da modernidade, que distanciou a humanidade de Deus.[57]

A proposta de um messias na política capaz de resgatar Deus para o "povo" brasileiro sempre foi uma demanda histórica de setores alinhados com o conservadorismo. Em seu discurso de posse, Jair Bolsonaro iniciou sua mensagem à nação afirmando que ele só poderia estar presente naquele momento porque Deus preservou a sua vida e que aquele era o dia em que *"o povo começou a se libertar do socialismo, se libertar da inversão de valores"*. Então ele anuncia o que viria a ser seu plano messiânico para o país: *"não podemos deixar que ideologias nefastas venham a dividir os brasileiros, ideologias que destroem os nossos valores e tradições, destroem as nossas famílias — alicerce da nossa sociedade"*, afirmando que *"nossa preocupação será com a segurança das pessoas de bem e a garantia do direito de propriedade e da legítima defesa"*[58]. Os discursos públicos de Bolsonaro também explicitaram a tentativa de resgatar os argumentos de outros movimentos autoritários ligados à direita brasileira, como o movimento Integralista de Plínio Salgado. Em 2020, nas prévias das eleições para prefeitos e vereadores, o então presidente ressaltou a seus apoiadores que o voto deveria ser decidido a partir dos seguintes critérios: *"que tenha Deus no coração, que tenha na alma patriotismo e queira de verdade o bem do próximo. Deus, pátria e família"*.

O pano de fundo do resgate desses movimentos de décadas anteriores é o que tem se constituído historicamente como o Tradicionalismo católico, e, embora a bancada evangélica seja uma parte fundamental do apoio ao projeto bolsonarista, os segmentos mais intelectualizados dos movimentos de extrema-direita no mundo atualmente têm ligações estreitas com a

---

[57] A TFP surge como organização autônoma que não depende diretamente de estruturas eclesiais hierárquicas. Seu caráter cismático com a Igreja se intensificou nos anos posteriores à fundação da TFP com o Concílio do Vaticano II, que propôs uma adaptação da Igreja ao contexto político da modernidade. Ela compreende que o seu papel também consiste em um resgate da fé e da cultura ocidental judaico-cristã.

[58] Vídeo disponível em: https://www.youtube.com/watch?v=IwcF1MFR7Is.

ideologia tradicionalista (TEITELBAUM, 2020)[59]. A partir de sua projeção nas mídias digitais, os novos tradicionalistas buscam ser os representantes intelectuais da ideologia conservadora da extrema-direita. Apresentam-se ao público como escritores de *best-sellers*, filósofos, professores, palestrantes e eruditos do movimento.[60]

Considerado pelo movimento como um erudito, o ex-ministro das Relações Exteriores Ernesto Araújo foi uma das personalidades do governo bolsonarista que se prontificou a explanar ao mundo acerca do ideário político-religioso do governo. Em janeiro de 2019, Ernesto Araújo publicou um artigo de sua autoria em um site estadunidense em que classifica o governo de Bolsonaro como um sinal divino do alinhamento de Deus com a humanidade. A partir de conceitos abertos quanto às noções de Deus ou de povo brasileiro, Ernesto Araújo expressa uma linguagem adaptável a qualquer outro segmento cristão, sugerindo que sua visão de mundo cristã, e a do governo que representava, seria possível de ser compartilhada para além de barreiras denominacionais. O que se destacou no artigo de Ernesto

---

[59] No Tradicionalismo descrito por Benjamin Teitelbaum, em *Guerra pela Eternidade* (TEITELBAUM, 2020), não há definições fechadas acerca do termo "Tradicionalismo". Penso que essa definição mais aberta de Tradicionalismo utilizada pelo autor foi uma postura necessária para a sua obra. Sua pesquisa etnográfica analisou três ideólogos cristãos da extrema-direita de diferentes países — Stephen K. Bannon (católico), Aleksandr Dugin (cristão ortodoxo) e Olavo de Carvalho (católico) — que têm trajetórias entre diferentes correntes da crença tradicionalista e que talvez tenham formado um sincretismo próprio e particular que não se encaixa em uma corrente específica do Tradicionalismo, algo que o autor sugere em seu livro. Contudo, o que busco indicar nesta obra é que há um Tradicionalismo católico presente no Brasil e que ele é perceptível na história dos movimentos autoritários que ganharam espaço político, influenciando nossas concepções de nação e povo brasileiro. Uma breve genealogia do Tradicionalismo católico e suas conexões com a TFP demonstra que o estilo comunicacional do ideólogo do movimento bolsonarista, o escritor Olavo de Carvalho, encontrou ressonância com a noção já identificada no meio acadêmico como conservadorismo brasileiro. Mesmo que as origens do pensamento de Olavo de Carvalho remetam às premissas do Perenialismo – uma modalidade transcultural e sincrética do Tradicionalismo que engloba, dentre outras religiões, o hinduísmo, e mais conhecido no Ocidente por meio das obras de René Guénon e Frithjoff Shuon (TEITELBAUM, 2020) – o objetivo do trabalho que apresento não é investigar as origens e desdobramentos das crenças de Olavo de Carvalho como um ideólogo. Trata-se antes de compreender os mecanismos de instrumentalização de premissas oriundas do catolicismo tradicionalista na composição da linguagem TFPista que é utilizada por ele e seus discípulos. Portanto, o intuito foi o de compreender a linguagem comum ao movimento reacionário-conservador que emergiu no Brasil atual. A meu ver, o trabalho de Teitelbaum, ao descrever um Tradicionalismo abrangente, contribui para o entendimento acerca da manifestação de uma linguagem tradicionalista transnacional da extrema-direita, evidenciando que ela não é nem exclusiva nem pertencente à individualidade dos ideólogos midiáticos dos movimentos reacionários que eles representam.

[60] Algumas mulheres que se autointitulam conservadoras também buscam ter espaço como intelectuais da direita conservadora, mas a relevância política delas é geralmente colocada em segundo plano para favorecer intelectuais homens. Desse modo, a flexão de gênero não foi adotada no texto como um marcador propositalmente. O único espaço de relevância dentro do movimento reacionário-conservador para o qual elas são chamadas a debater publicamente é quando os assuntos são o aborto, o feminismo, o papel da mulher na família e a defesa do homem. Em outras palavras, elas são relevantes para o movimento como símbolo de combate ao feminismo e aos estudos de gênero. Para os outros temas de discussão que são caros ao seu movimento político, as mulheres conservadoras possuem um papel secundário ou, na maioria das vezes, inexistente.

Araújo foi reafirmar que o governo Bolsonaro tem um compromisso com a fé cristã, mesmo que isso signifique recusar uma atuação do Estado em favor de milhões de pessoas não cristãs no Brasil. Ele inicia seu texto da seguinte maneira,

> Falar de Deus parece que preocupa as pessoas. Isso é triste. Mas o povo brasileiro não se incomoda. O governo Bolsonaro, ao qual sirvo como Ministro das Relações Exteriores, não liga para o que dizem os comentaristas ou para o que os incomoda: **eles não entendem nada de quem Deus é, ou de quem o povo brasileiro é e quer ser.** (ARAÚJO, 2019).

Em seguida o texto passa a denunciar a diversos agentes que estariam impedindo a felicidade do povo brasileiro em expressar sua fé — todos comunistas, é claro. Ele afirma que somente agora, com a vitória de Bolsonaro, será possível falar em Deus publicamente e que o governo bolsonarista, em conjunto com os ensinamentos de Olavo de Carvalho, será o responsável por oferecer liberdade religiosa ao povo brasileiro. Sem explicar quem é o Deus aludido ou o povo a ser contemplado como povo brasileiro, Araújo sinaliza uma das premissas mais relevantes do Tradicionalismo católico presente desde a formação da TFP — ele afirma: *"O Brasil passa por um renascimento político e espiritual, e o aspecto espiritual desse fenômeno é determinante; o aspecto político é apenas uma conseqüência* (sic)".

O que Araújo indica é que o projeto político do bolsonarismo seria um plano transcendente para um povo transcendente. Nessa lógica, que para o fundamentalismo religioso parece plenamente coerente, um povo que se entrega aos planos de Deus necessitaria de um plano transcendente na Terra. A política seria algo baixo demais para a superioridade dos planos divinos. Ela apenas faz parte de um jogo de mediação da imanência, já que o fator *"determinante"* é o *"espiritual"*. Essa é uma questão epistemológica própria à compreensão da política e que já estava presente nos fundamentos da TFP. Ora, a defesa de um povo concreto e plural — e, portanto, incoerente para o fanatismo — só seria viável em uma perspectiva secular de política, uma ideia que, para os tradicionalistas, pertence à corrompida sociedade moderna.

Na perspectiva do fanatismo tradicionalista, *o povo* é aquele que pode ser identificado de forma transcendente, referindo-se àqueles e àquelas que compartilham de uma mesma fé — e no caso de tradicionalistas como Ernesto Araújo e seu mestre Olavo de Carvalho, a única fé verdadeira seria o Tradicionalismo estritamente católico. Nesse sentido, a política como atividade imanente seria apenas um meio e uma consequência concreta para a efetivação do seu projeto transcendente. Ele anuncia em seu artigo que

Bolsonaro no poder significa o mesmo que uma volta de Deus na vida dos brasileiros. Ele afirma que com a atuação de *"Deus através da nação"* comandada por Bolsonaro *"o nacionalismo tornou-se o veículo da fé, a fé tornou-se a catalisadora do nacionalismo, e ambos desencadearam uma estimulante onda de liberdade".* Para ele, a proclamação de que o Brasil se tornou oficialmente um país de fé cristã, negando toda a pluralidade de crenças, representa uma *"liberdade",* pois possibilitaria que os cristãos se libertassem do sistema *"materialista"* (imanente) e *"estupidificante"* (moderno).

Para aqueles e aquelas com pouca familiaridade com as premissas tradicionalistas, pode soar que Ernesto Araújo e os mais fervorosos seguidores de Olavo de Carvalho estejam falando de política e religião em seu sentido mais genérico. Mas, na verdade, há uma linguagem particular na origem de seus discursos, que se apresentou de forma superficial e breve nos discursos oficiais do governo, mas que acionou códigos repletos de significados para a chamada base ideológica. Os discursos públicos de Bolsonaro e de seus aliados religiosos não escondem que o fanatismo é constantemente acionado.

No entanto seria pouco provável que defensores do liberalismo econômico levassem a sério um projeto que sugerisse a destruição da modernidade, e mesmo da ciência, se esses códigos ideológicos estivessem mais explícitos nos discursos de Bolsonaro desde o início. Durante toda a sua candidatura, Bolsonaro optou por um discurso de campanha feito de frases curtas e cheias de jargões que poderiam ser — e em muitos momentos foram — interpretadas como piadas e provocações à oposição. Imaginou-se que seu intuito era apenas dar visibilidade a seu eleitorado a partir da imprensa. Pouco provável também seria que pastores evangélicos, das mais diferentes denominações, dessem total apoio ao bolsonarismo se, desde o início, tivessem o conhecimento de que o cristianismo defendido na ideologia *bolsolavista* rejeita o protestantismo como expressão legítima da fé cristã — e talvez boa parte do segmento evangélico ainda não saiba disso.

De qualquer forma, esses setores deram suporte a essa agenda porque tiveram a percepção de que ela poderia ser vantajosa, mesmo que não contemplasse plenamente seus anseios. Em décadas anteriores, muito antes do surgimento do bolsonarismo, vários segmentos evangélicos e neoliberais já haviam se mostrado simpáticos a regimes antidemocráticos, ao militarismo e aos princípios cristãos conservadores, portanto a linguagem autoritária é um campo comum de inteligibilidade para esses grupos, os mesmos que se sentiram ressentidos com o curso da história quando houve a redemocratização do país.

Em abril de 2019, logo após a posse de Jair Bolsonaro e a publicação de Ernesto Araújo, a BBC News Brasil publicou uma reportagem com o seguinte título: *Monarquistas ocupam cargos em Brasília e reabilitam o grupo católico ultraconservador*[61]. A repercussão da notícia não foi muito expressiva, afinal o que haveria de tão notório em alianças políticas como essas se levarmos em conta as tantas outras polêmicas envolvendo Bolsonaro? Todo tipo de grupo estranho ao discurso democrático na época, sentindo-se renegado no cenário político brasileiro, havia declarado seu apoio a Bolsonaro, uma vez que este sempre ressaltou seu apreço pelos ressentidos, a "ralé" (ARENDT, 2012)[62].

A matéria da BBC, assinada por João Fellet, relatou o encontro de Dom Bertrand, líder da causa monarquista no Brasil, com a deputada Carla Zambelli. À reportagem, Dom Bertand se disse surpreso com o acolhimento dos governistas. O gabinete da deputada estava repleto de símbolos do Império, entre eles o retrato do irmão de Dom Bertrand, Dom Luiz Gastão, que era o então chefe da Casa Imperial e que estava atuando para restaurar a monarquia no Brasil com "*as necessárias adaptações à atual realidade brasileira*"[63].

A visita de Dom Bertrand ao Planalto rendeu encontros amistosos com integrantes do governo da chamada bancada monarquista e com o então ministro das Relações Exteriores, Ernesto Araújo, e o assessor da Presidência para assuntos internacionais, Felipe Martins, posteriormente envolvido em polêmicas que o associaram a supremacistas brancos[64]. De

---

[61] Disponível em: https://www.bbc.com/portuguese/brasil-47728267.

[62] Hannah Arendt define "ralé" como parte um grupo que não pode ser entendido como "o povo". A ralé é um conjunto de grupos residuais de todos estratos da sociedade que não busca por um sistema político representativo, mas por um "homem forte", um "grande líder" que possa representá-la (ARENDT, 2012, p.159).

[63] Trecho de citação extraído da página on-line *Casa Imperial*, no item "Propostas Básicas". Disponível em: https://monarquia.org.br/monarquia-hoje/propostas-basicas/.

[64] Em uma sessão do Senado, em 24 de abril de 2021, o assessor da presidência da República, Felipe Martins, aparece em vídeo fazendo um gesto com a mão que foi identificado por senadores presentes como um código utilizado entre supremacistas brancos. Em ao menos outras três ocasiões, o governo Bolsonaro esteve envolvido em episódios de apologia ao movimento de supremacistas brancos. Em vídeo feito por apoiadores, Bolsonaro percebe que um de seus seguidores é filmado fazendo um gesto de supremacia branca e o adverte para que isso não seja feito. Preocupado com repercussão negativa que a filmagem possa causar, ele afirma "sei que é um gesto bacana", e logo em seguida justifica, mas "não pega bem pra mim". Em outra ocasião, em maio de 2020, Bolsonaro já havia sido acusado de sinalizar simpatia a supremacistas brancos em uma de suas *lives* semanais ao fazer um brinde tomando leite, um código conhecido do movimento. Governistas responderam dizendo que o gesto era uma brincadeira e se tratava de um desafio lançado pela Abraleite. Em 2016, um de seus filhos, Eduardo Bolsonaro, postou uma foto em suas redes sociais onde aparece segurando uma arma com uma bandeira com a imagem de uma cobra cascavel e com a frase em inglês "*Don't tread on me*". A *Gadsden Flag* foi uma bandeira utilizada pela Ku Klux Klan e posteriormente adotada pelos supremacistas brancos estadunidenses. Referências disponíveis em: https://ultimosegundo.ig.com.br/politica/2021-03-26/apoiador-tira-foto-com-bolsonaro-e-faz-gesto-de-supremacia-branca--veja-video.html; https://www.bnews.com.br/noticias/politica/politica/270121,politicos-acusam-bolsonaro-de-propagar-simbolo-nazista-de-supremacia-branca-ao-beber-copo-de-leite-presidente-nega.html; https://www.plantaobrasil.net/news.asp?nID=98243.

acordo com a notícia, Dom Bertrand afirmou que alguns interlocutores do governo bolsonarista e o movimento monarquista compartilham dos mesmos ideais. A reportagem relata que:

> [...] expressaram "total consonância" [grifo do autor] com suas posições - que incluem a **oposição ao casamento gay**, o **fim das demarcações de terras indígenas** e a **proibição do aborto** em qualquer circunstância.
>
> Entrevistado pela BBC News Brasil, ele não quis responder se abordou a restauração da monarquia nos encontros - de acordo com um assessor que acompanhou uma reunião, a orientação é tratar o tema com discrição para **não despertar reações** que minem o projeto.
>
> A calorosa recepção a Bertrand reflete o avanço de adeptos do monarquismo em órgãos do Estado e a **reabilitação** de um dos principais expoentes do movimento - o jornalista e ativista católico Plinio Corrêa de Oliveira (1905-1995), fundador da **Sociedade Brasileira de Defesa da Tradição, Família e Propriedade (TFP)**. (FELLET, 2019).

O encontro entre o movimento monarquista, que também é TFPista, e alguns nomes do governo Bolsonaro naquela ocasião não chamou a atenção justamente porque, após tantas promessas de alianças com pautas diversificadas, pouco se sabia até então a qual grupo de sua base eleitoral Bolsonaro se manteria mais fiel. Só recentemente a imprensa e analistas da política diagnosticaram que a base mais importante para Bolsonaro é a chamada ala ideológica, algo que foi possível observar com maior nitidez com a chegada da pandemia do Covid-19 no país. E o que a ala ideológica bolsonarista defende, em grande medida — ou como disse Dom Bertrand, em *"total consonância"* — são as mesmas premissas da TFP, que além da oposição ao casamento homoafetivo, ao aborto e a demarcação de terras indígenas, também consiste, segundo Giselle Zanotto (2007, 2010), no estabelecimento de um modelo teológico-político como única medida de atuação política aceitável.

Essa premissa é formada por um conjunto de pautas que se configura no regate da monarquia; na formação de uma aristocracia baseada no direito natural; defesa da família heterossexual monogâmica e indissolúvel; criminalização da reforma agrária; direito ao porte de armas; controle e moralização da mídia; instituição da doutrina cristã tradicional como a única e verdadeira expressão religiosa; crença de que o "sofrimento dos eleitos" é um mal necessário que ocorre "no tempo anterior ao triunfo sobrenatural", e, dessa maneira, os tradicionalistas são os "apóstolos dos últimos tempos" com a missão de se tornarem "soldados, guerreiros e monges, visando tanto sua santificação pessoal, quanto sua posição de combatentes da fé." (ZANOTTO, 2007, 2010).

Esse conjunto de ideias está presente na formação do que se convencionou chamar de Tradicionalismo, ou ultramontanismo[65]. Trata-se de um movimento reacionário europeu que ganhou força notadamente a partir do século XIX e que buscou respaldar sua teologia a partir das formulações de São Tomás de Aquino. Desse modo, o Tradicionalismo católico, ou o ultramontanismo, que vem se estabelecendo no Brasil desde meados do século XIX como um movimento político dentro e fora da Igreja é também um movimento de base teológica tomista[66]. A base teológica tomista — que fundamenta o Tradicionalismo católico — orientou o pensamento de Plínio Corrêa de Oliveira, fundador da TFP[67]. Para ele, "São Tomás de Aquino foi o Doutor comum, o filósofo dos filósofos, o teólogo dos teólogos, o mestre dos mestres"[68].

O pensamento católico tradicionalista é um movimento internacional de longa data. O que Plínio Corrêa de Oliveira fez ao criar a TFP nos anos 1960 foi introduzir esse pensamento como base ideológica para a atuação política da direita brasileira, ocupando espaços no debate público. Uma breve genealogia das bases ideológicas da extrema-direita bolsonarista, e por consequência o resgate das discussões sobre a TFP, torna-se relevante para os argumentos que apresento no livro na perspectiva de que o advento da extrema-direita, ao ocupar os mais altos cargos de poder em diferentes países, se configura como um fenômeno transnacional de base ideológica tradicionalista (TEITELBAUM, 2020). É notório que um levante autoritário transnacional tem ocorrido quase que simultaneamente, apresentando ideais similares, invocando soluções antidemocráticas acerca de populações precarizadas e deslegitimando a ciência e a imprensa. Identificar essas bases que orientam a velha ideologia tradicionalista anticomunista — agora repaginada

---

[65] O ultramontanismo, ideologia que influenciou fortemente os católicos brasileiros no início do século XX, foi o movimento ultramontano tradicionalista do século XIX que consistiu em uma reação promovida pela própria Igreja Católica contra algumas correntes teológicas mais progressistas no seu interior desde a Revolução Francesa. Entre os riscos que as novas correntes teológicas traziam para o meio tradicionalista vigente, estavam a defesa do socialismo, do racionalismo, do casamento civil e da liberdade de imprensa (SANTIROCCHI, 2010).

[66] A maioria dos *influencers* seguidores de Olavo de Carvalho que analisei se identifica como católicos tomistas.

[67] Grupos dissidentes da TFP como a Associação Cultural Montfort e Arautos também mantém como sua base ideológica a teologia tomista.

[68] Trecho extraído de artigo de Plínio Corrêa de Oliveira sob o título "Dique levantado contra a Revolução". Disponível em: https://www.tfp.org.br/espiritualidade/dique-levantado-contra-a-revolucao/.

nos moldes da era digital — nos auxilia a compreender as suas narrativas e os seus códigos semânticos, nem sempre tão óbvios quanto parecem ser. Ainda mais se considerarmos que uma parcela significativa da massa apoiadora da extrema-direita, reprodutora das narrativas autoritárias no universo digital, compõe ela mesma o alvo de discriminação dessa agenda, o que dá indícios de que o grupo que formula as premissas ideológicas não é a massa que as segue.

O negacionismo científico e acadêmico constitui uma das marcas da nova extrema-direita. Com frequência, o ideário do autoritarismo tradicionalista religioso nos faz remeter às experiências do nazismo e do fascismo, e, de fato, o que ronda essas agendas autoritárias atuais incorpora facetas desses regimes em sua superfície; contudo, o que o sustenta sua lógica e história está em sua camada mais profunda e menos visível. Até antes de sua ascensão política, essa ideologia habitava nos *porões* do Vaticano. Portanto, menos visível tanto por se tratar de uma ideologia católica marginal, que não foi adotada como a versão oficial professada pelos últimos papas — encontrando confrontos até mesmo com Paulo II, o mesmo papa que sustentou uma perseguição dura a padres socialistas; quanto no sentido de que essa é uma ideologia que contesta a necessidade de *aggiornamento* (atualização) da Igreja no mundo contemporâneo. Em outros termos, é possível afirmar que o fanatismo tradicionalista — que orienta a base ideológica da extrema-direita no mundo — se baseia em um catolicismo contra o *establishment* da Santa Sé.

Desde os anos 1960, os grupos tradicionalistas cismáticos[69] que se posicionaram contra o Concílio do Vaticano II orbitam a Igreja como "condenados" a aceitar as adaptações do Vaticano ao mundo moderno. Mas isso mudou em grande medida quando Joseph Ratzinger assumiu o papado em abril de 2005. Ratzinger tirou os tradicionalistas dos porões da Igreja e os levou para a sacristia — deu-lhes alguma legitimidade política. Não por acaso, ele ainda é considerado o verdadeiro papa para os tradicionalistas, mesmo que um tanto decepcionados com sua renúncia. Como Bento XVI, em um gesto claro de simpatia aos grupos tradicionalistas reacionários, suas primeiras ações como papa consistiram na reconciliação com os dissidentes cismáticos dos anos 1960, retirando-lhes a situação de excomungados. Além disso, ele reabilitou a missa em Latim do rito tridentino, que se tornou um

---

[69] Entre os casos mais notáveis de insurgência contra o Concílio do Vaticano II, estão os posicionamentos promovidos pelo arcebispo francês Marcel Lefebvre e seus discípulos. No Brasil, a insurgência foi protagonizada por um aliado de Lefebvre, Dom Antônio de Castro Meyer. Ambos acabaram sendo excomungados pela Igreja Católica.

símbolo da reivindicação tradicionalista da Fraternidade Pio X — o mesmo grupo que protagonizou a dissidência cismática liderada por Monsenhor Marcel Lefebvre na França em conjunto com Dom Antônio Meyer no Brasil — uma das lideranças políticas da TFP brasileira (SILVEIRA, 2014).

De certo modo, o papado de Ratzinger fomentou o reestabelecimento e o fortalecimento político de um grupo dissidente que havia sido suprimido por papas anteriores que viam na agenda tradicionalista um risco à manutenção do poder da Igreja. Embora os tradicionalistas dos anos 1960 fossem tão anticomunistas quanto os atuais — não sendo esse um problema para o Vaticano —, esses grupos eram contra a modernidade em seu sentido mais fanático. A proposta do Concílio do Vaticano II visava solucionar o fato de que a fé católica no mundo estava passando por uma série de instabilidades devido a conflitos gerados pelo pós Segunda Guerra Mundial e o surgimento da Guerra Fria (SILVEIRA, 2014; PRANDI; SANTOS, 2015). Desse modo, um recrudescimento da Igreja poderia significar a perda de mais fiéis. Quando os tradicionalistas passaram a formar um movimento de insurgência às mudanças trazidas nos documentos do novo concílio, em que alguns se posicionaram como sedevacantistas — não reconhecendo a autoridade papal —, o Vaticano decidiu reprimir o movimento cismático excomungando suas lideranças. Isso fez com que os tradicionalistas nutrissem um grande ressentimento até os dias atuais, buscando combater o suposto *progressismo* da Igreja que ainda assegura a vigência do concílio.

## DOS PORÕES PARA A SACRISTIA

O contexto da Guerra Fria foi um período de intensa intervenção do Vaticano contra a possibilidade de avanço do comunismo nos países da América Latina. Temendo que o movimento comunista na Itália ganhasse força política em uma possível aliança com o comunismo soviético ateu, o Vaticano passou a agir no sentido de reprimir qualquer manifestação de cunho marxista entre católicos. Em 1949, a Santa Sé decreta que católicos europeus estavam impedidos de se filiarem a partidos socialistas. Nem mesmo os sacerdotes deveriam acolher fiéis socialistas que estivessem necessitando de aconselhamento espiritual. Padres simpatizantes dos ideais socialistas passaram a sofrer perseguições e ameaças de serem excomungados pela Igreja (ARRAES, 2005).

Ao mesmo tempo, o cenário político que se configurou no pós Segunda Guerra Mundial também exigia que a Igreja adotasse algumas aberturas teológicas e doutrinárias, evitando a perda de fiéis e se mostrando mais receptiva às mudanças políticas da época. Mesmo que mudanças estruturais fossem vistas com certo receio por alguns setores do Vaticano, quando João XXIII assumiu o papado em 1958, ele decidiu que havia chegado o momento de promover a convocação de um novo concílio com a pretensão de instituir o *aggiornamento* da Igreja — sua atualização. Iniciada em 1959, a proposta do Concílio do Vaticano II era discutir a renovação da instituição diante de desafios modernos. Alguns dos debates citados nos documentos do Concílio do Vaticano I foram ampliados para que a partir do Concílio do Vaticano II fossem incluídas temáticas até então inéditas para a Igreja como: justiça internacional; desenvolvimento da consciência humana; promoção do cuidado, da saúde e da educação (ARRAES, 2005).

Tais abordagens escandalizaram os segmentos tradicionalistas da Igreja. Acostumados com os discursos combativos aos ideais socialistas ao longo dos anos 1950, durante o papado de Pio XII, a decisão de debater temas como diálogo e conscientização em um novo concílio soou aos tradicionalistas como um afrouxamento dos dogmas católicos e uma franca aproximação ao comunismo. Em 1963, sem que o processo do novo concílio fosse finalizado, João XXIII veio a falecer. Em sua última encíclica, ele havia discutido acerca dos Direitos Humanos, deixando para os próximos papados a tarefa de dar continuidade ao tema sob forte pressão das alas mais reacionárias, que começavam a formar um movimento cismático em oposição ao Concílio do Vaticano II.

Como legado do Concílio do vaticano II, Virgílio Arraes (2005) afirma que entre as principais mudanças estão os novos entendimentos de que a Igreja é uma comunidade aberta e não de centralização monárquica; seus ritos podem ser adaptados às especificidades da comunidade; ela deve defender a liberdade de crença e não pleitear a imposição de sua fé; ela não seria mais a única Igreja de Cristo, propondo assim formas de reconciliação com outras denominações cristãs, como o protestantismo e a Igreja Ortodoxa. Essas determinações mais orientadas a um progressismo, embora dessem algum suporte a grupos mais identificados com propostas socialistas da Teologia da Libertação, não significavam necessariamente uma virada política em direção ao socialismo. Ao contrário disso, o Vaticano optou por dar sua aprovação aos movimentos carismáticos que eram pouco preocupados com a manutenção rígida de doutrinas e rituais litúrgicos como os tradicionalistas, mas estavam alinhados ao conservadorismo nas questões relativas às condutas morais (PRANDI; SANTOS, 2015). Mesmo com a confirmação de que as pautas de costumes conservadores seriam preservadas, o mais leve aceno em direção à discussão de uma abertura da Igreja a assuntos seculares trouxe muito ressentimento aos tradicionalistas. Esses grupos abominaram o tímido movimento de abertura da Igreja, mantendo sua posição de rechaço ao *aggiornamento* até os dias atuais e reivindicando que os documentos do Concílio do Vaticano II sejam revogados.

Sobre as mudanças promovidas pelo concílio, o escritor Olavo de Carvalho, em concordância com o cisma tradicionalista, considerava que as motivações do *aggiornamento* foram corruptas e que os efeitos da degradação moral que se iniciaram naquele momento foram tão abrangentes que atingiram até mesmo o ramo da literatura católica. Ele expressou a seguinte opinião,

> Todo fiel católico sabe que **só perante Deus** a alma alcança aquele patamar de **sinceridade perfeita** que a convivência entre os homens busca em vão imitar. Daí a vivacidade incomum, o **penetrante realismo** com que a **experiência católica** se transmuta em representação literária da vida.
>
> Isso explica também por que, nas décadas que se seguiram ao Concílio Vaticano II, **a grande literatura católica desapareceu** e a mediana, que continua existindo, já não desempenha nem tem fôlego para desempenhar nenhum papel de relevo no mundo da alta cultura.
>
> O Concílio, como se sabe, dividiu a Igreja. De um lado, os entusiastas do "aggiornamento" [grifo do autor], ansiosos de conquistar a simpatia do mundo, **prostituíram-se a um bom-mocismo esquerdista** que pode lhes valer algum aplauso da mídia, mas que no reino da criação literária, onde a "guerra contra o clichê", como a chamou Martin Ames, é o pão de cada dia, só pode resultar na autodestruição de todos os talentos.
>
> [...] Se é verdade que "pelos frutos os conhecereis" [grifo do autor] e que algo do estado de coisas na sociedade se pode apreender pelos altos e baixos da criação literária, então **é preciso dar ao menos um pouco de razão aos tradicionalistas e reconhecer: o Concílio Vaticano II foi um desastre.**

Para a ideologia tradicionalista católica, o tema do diálogo, no sentido de abertura à pluralidade de ideias, é um assunto problemático. Em sua perspectiva, a ideia de abertura ao diálogo — seja o termo entendido como desenvolvimento da reflexão ou da conscientização — permitiria que dúvidas e questionamentos quanto à doutrina da Igreja fossem aceitos como expressões legítimas da fé católica, uma premissa que é inaceitável no Tradicionalismo. A profissão da fé nos dogmas seria o alicerce da única verdade possível de ser conhecida como "mundo real" — a verdade que se conhece "só perante Deus"; verdade que produz a "sinceridade perfeita" que o tradicionalista não pode jamais relegar à dúvida. Portanto, qualquer premissa que não concorde com essa visão de "mundo real" do tradicionalista incorreria automaticamente em uma epistemologia do erro e da falsidade na compreensão do real — a mentira.

Qualquer teoria acerca da vida que tenha como base a experiência humana realizada sem o auxílio dos dogmas, devidamente preservados, produziria a subversão do pensamento, abrindo caminho para o equívoco e para o "desastre". Assim, o pensamento elaborado a partir de princípios modernos levaria a humanidade à sua degradação moral, à burrice, à vilania e à crueldade.[70] Na ideologia tradicionalista, somente os dogmas da Igreja Católica guardam os princípios fundamentais da perfeição de toda a criação de Deus na Terra. Desse modo, a Igreja, com seus dogmas integralmente preservados e em concerto com um poder aristocrático que comande a sociedade, seria a única detentora da "verdade integral" (ZANOTTO, 2010, p. 117). Portanto, não há nada a aprender com o mundo secular — com sua ciência e sua filosofia —, e menos ainda haveria qualquer necessidade de se adaptar às suas mudanças. Para o fanatismo tradicionalista, só há uma verdade e uma única história que já está decifrada.

A partir da premissa de um eterno retorno da história, o Tradicionalismo católico acredita que a Igreja é chamada constantemente a atuar na Terra, conduzindo a humanidade na travessia da regeneração moral — e nisso residiria seu papel profundamente político. A queda do "homem"[71], tendo como seu princípio o pecado de Adão e Eva, seria uma condição recorrente da experiência humana — a queda, ou o pecado, como uma repetição que se daria na história. Contudo não se trata da noção aristotélica de ciclos históricos, que poderia encontrar consonância com as ideias da tradição perenialista. Para o dogma católico tradicionalista, o retorno histórico não é cíclico, ele é pendular. Como em um pêndulo, a história da

---

[70] Quanto aos efeitos da modernidade, todas as correntes do pensamento tradicionalista — seja ele estritamente católico, pagão ou sincrético, como o Tradicionalismo do Perenialismo — acreditam que a modernidade causou a ruína moral da sociedade devido à separação da humanidade da tutela divina, uma tutela que só poderia ser expressada por meio da religião.

[71] A opção por colocar aspas é uma sinalização de questionamento do uso da categoria homem, como representação única e universal da existência humana. Categoria essa que foi historicamente constituída e amplamente incorporada na intelectualidade para a substituição e apagamento do feminino (LAQUEUR, 2001).

humanidade seria uma contínua repetição dos movimentos de aproximação e de afastamento de Deus, e caberia à Igreja guiar essa constante travessia em direção ao retorno do tempo anterior à queda, quando supostamente havia a perfeita comunhão da humanidade com o divino (MANOEL, 2014). De acordo com Foucault, a ideia de "alta origem" — pontuada por Nietzsche como "exagero metafísico" — se sustenta no desejo de

> [...] acreditar que, em seu início, as coisas se encontravam em seu estado de perfeição; que elas saíram resplandecentes das mãos do criador ou na luz sem sombra da primeira manhã. A origem está sempre antes da queda, antes do corpo, antes do mundo e do tempo; e para narrá-la sempre se canta uma teogonia. (FOUCAULT, 2013, p. 276).

Nessa perspectiva, o fim do mundo é tão produto da modernidade quanto a sua própria redenção, algo que para alguns tradicionalistas pode ser visto como uma esperança de futuro que não deve ser temido, pois a destruição do mundo seria também a possibilidade de *resetar* a origem da "queda". Para os tradicionalistas do século XIX e XX, o pensamento moderno teria iniciado um processo de colapso comprovado pela própria história moderna em suas revoluções sanguinárias, manifestando-se na "incredulidade, nas revoluções filosóficas e científicas, na Reforma Protestante, na Revolução Francesa, no ciclo revolucionário de 1830 a 1848, na democracia e nas doutrinas de esquerda." (MANOEL, 2014, p. 28). Em uma lógica coerente, o fanatismo reacionário tradicionalista busca reiterar suas narrativas afirmando que o curso da história está fadado ao "final dos tempos" repetidamente para que haja um retorno a um passado majestoso que pode e deverá ser restituído — ou como em uma das contemporâneas alegações do século XXI feitas por Donald Trump, a justiça seria feita a partir de uma *tempestade*[72].

É interessante notar que para o fanatismo tradicionalista atual é a partir da restituição discursiva da barbárie que emerge também a restituição discursiva da tradição. É com a negação da violência produzida quando da ruptura da tradição; assim como na negação do holocausto; na mitigação de reconhecer ali a perda do *inter-est* (ARENDT, 2007) que a barbárie é alçada ao lugar de pivô discursivo equipado para oferecer um caminho de retorno

---

[72] *Storm*, ou tempestade, foi um termo popularizado por narrativas conspiratórias durante o governo de Donald Trump nos Estados Unidos. Os apoiadores de Trump cogitavam que ele e sua equipe de governo teriam organizado um plano para perseguir e punir opositores, e que a execução do plano daria início a um caos transformador e libertador na política estadunidense, acabando de uma vez por todas com a corrupção no país. Disponível em: https://www.businessinsider.com/qanon-trump-capitol-attack-belief-precursor-the-storm-2021-1.

à tradição. Nesse sentido as narrativas autoritárias tentam reabilitar discursivamente a barbárie enquanto estratégia fundamental. Em entrevista a um canal digital conservador, Olavo de Carvalho argumentou extensamente sobre como a segregação e o genocídio podem ser compreendidos como causas justas e, portanto, aceitáveis, desde que ela possa ser compreendida por um outro ponto de vista — o de que os algozes foram as vítimas originárias, e na tentativa de se obter justiça social a barbárie se estabeleceu. A lição que podemos aprender com a a história, segundo o escritor, seria a de que qualquer compromisso com a agência humana, por si só, produz o caos social.

> [Olavo de Carvalho] Veja, **toda promessa de proteção aos discriminados é vigarice. Sempre tem um objetivo oculto e os resultados são sempre desastrosos.** Não é que dão errado, dão certo. Mas o objetivo...não é o objetivo declarado, o objetivo não é a proteção dos discriminados. É sempre outra coisa, principalmente a divisão da sociedade, você **jogar uns contra os outros,** o famoso dividir para reinar. Os caras estão fazendo isso há décadas. Então protege...oferece proteger, sei lá, os pretos contra os brancos, depois os brancos contra os pretos, né? [expressão de riso]. Você sabe como começou o Ku Klux Klan? [A entrevistadora responde que não]. Vou te contar. Quando terminou a Guerra Civil, eles fizeram a restauração, a reconstituição do sul, que era destruir a cultura sulista e implantar a cultura nortista lá. Então, botaram lá um monte de **interventores, muitos deles negros...** e os interventores começaram **naturalmente** a oprimir os fazendeiros do sul e tomar as propriedades deles, e houve uma **corrupção desgraçada.** Daí apareceu um bando de espertinho, e disseram "não, nós vamos proteger vocês", e criaram o Ku Klux Klan [risos]...que depois cometeu um monte de crime. **É sempre assim, a oferta de proteção é sempre essa coisa.** Esse tá oferecendo proteção aos brancos [Ku Klux Klan], **mas o que oferece proteção aos pretos é a mesma coisa,** não é isso? [expressão de riso]. A entrevistadora concorda dizendo "exatamente"].
>
> [Olavo continua] O Hitler não ia proteger a Alemanha contra os judeus? Vê o que ele fez! [risos]. Depois outra... proteger..., os comunistas iam proteger os proletários contra os capitalistas, veja a **roubalheira** que eles fizeram, meu deus do céu! Então, olha, **essas ofertas de proteção, toda essa falsa bondade, esse é um dos grandes males da humanidade, porque essas virtudes coletivas elas não existem.**

> **Só existe virtudes e pecados individuais.** Essa história de pecado coletivo, não. Não, não, não, não, não, não. Uma coletividade não tem consciência unificada, cada um tem uma cabeça. E existe, vamos dizer... as várias cabeças pensando. Elas coincidem umas com as outras só em um ponto determinado, em pontos determinados. No conjunto, as mentes são independentes. **A liberdade humana é isso. O indivíduo tem poder sobre si mesmo**[73]. Então culpa coletiva e mérito coletivo é tudo... Isso é uma figura de linguagem, é uma metonímia, isso não existe, na verdade.

Olavo de Carvalho tenta apresentar uma revisão histórica de atrocidades contra grupos sociais de uma maneira trivial e despreocupada, como se violências e genocídios fossem coisas inerentes da convivência entre "homens" que vivem uma vida corrupta. Mais do que isso, a barbárie é o resultado da cultura moderna que escolheu viver sem Deus. Desse modo, as vítimas são tão vítimas quanto culpadas de sua própria tragédia, e não há o que se refletir quanto a isso de forma coletiva, já que a coletividade em si mesma seria uma grande farsa, uma *"falsa bondade"* que se configura como *"um dos grandes males da humanidade"*. Desse modo, seria preciso negar que a violência se estabelece de forma institucional e socialmente estruturada, como resultado do protagonismo da ação coletiva. Para ele, as falhas — a precariedade — são sempre problemas individuais e seria preciso rejeitar o próprio conceito de vida em sociedade e a interdependência humana. Nesse sentido, seria preciso tornar dispensável a noção de coletividade, tanto em sua responsabilidade pela agência humana como em sua potencialidade para encontrar soluções diante da precariedade. O compromisso com a vida humana deveria ser sempre uma questão individual — e ao mesmo tempo profundamente niilista.

Negar a existência da precariedade como uma condição socialmente produzida e investir na restituição fantasiosa e fanática acerca de um passado ideal é, na verdade, um pacto com o niilismo em sua forma mais aguda — um sintoma moderno. Ivan Manoel (2014) indica que foi no catolicismo tradicionalista do XIX, a partir de um movimento reacionário de recuperação dos valores medievais, que a ideia de abandono dos prazeres da vida terrena em nome de uma vida dedicada aos assuntos divinos passa a ser interpretado não mais como um processo asceta, mas como uma reação política de abjeção ao "século" como forma de preparação para a vida após morte (MANOEL, 2014). O niilismo com o qual o movimento reacionário-

---

[73] Embora a afirmação contenha as ideias de individualidade e liberdade análogas à lógica neoliberal, Olavo de Carvalho se dizia contrário ao capitalismo. Ele afirmava em seus vídeos e postagens que considerava o feudalismo o modelo político econômico ideal.

-conservador se identifica não é o resultado de um processo de sublimação devido ao seu engajamento com valores judaico-cristãos que poderiam levar os religiosos a desejarem uma vida asceta. Ao contrário disso, como ressalta Wendy Brown (2020), o niilismo atual é um desengajamento do mundo no sentido de que não há uma sublimação da agressividade em sua forma de ressentimento, mas sua completa liberação, não importando que esse desprezo pelo mundo signifique a destruição das bases da verdade socialmente construída como referencial para julgar a vida e para proteger os valores morais que nos permitem a coexistência no mesmo planeta.

Pelo prisma do fanatismo tradicionalista, a coletividade não tem valor em si mesma, a história já está decifrada e o humano produz o falso. Somente *"virtudes"* individuais agindo em conjunto e sob a tutela divina poderiam resgatar os valores morais perdidos. O Tradicionalismo compreende que o surgimento, a origem de toda a intelectualidade moderna e sua racionalidade secular é correspondente à "queda original". Como movimento pendular da história, a intelectualidade moderna seria o sintoma do distanciamento progressivo de Deus. Essa premissa é formulada, segundo Ivan Manoel, em um dos documentos do catolicismo tradicionalista em 1847, intitulado *Bosquejos históricos*, escrito por Donoso-Cortés. Em seu texto, Donoso-Cortês afirma que o conhecimento que Deus disponibilizou para Adão pressupunha sua ligação com o Criador, com a finalidade de que que o "homem" fosse protegido de sua potencialidade para a ruína. Na alegação donosiana, "o homem não caiu por pretender ser igual a Deus, mas porque pretendeu adquirir o saber sem a aliança com o Criador" (MANOEL, 2014).

Conhecimentos humanamente produzidos sem o vínculo com o divino seriam irrevogavelmente falsos. A ciência e todo o conhecimento acadêmico, uma vez desvinculados de Deus pela cultura secular moderna, não poderiam produzir qualquer conhecimento sobre fatos da experiência humana sem incorrer na propagação de equívocos, levando a sociedade cada vez mais em direção à sua ruína moral e material. Para o fanatismo tradicionalista, mulheres e homens da falsa ciência deverão ser considerados farsantes, ignorantes e chulos — ou como se configurou no linguajar popular dos apoiadores do *bolsolavismo*, *"analfabetos funcionais"* e *"idiotas úteis"*[74]. Em época da campanha eleitoral, um padre apoiador da candidatura de Bolsonaro à presidência expôs a seguinte opinião aos fiéis:

---

[74] Em 2019, Bolsonaro utilizou o termo "idiotas úteis" para se referir a estudantes que protestavam contra cortes de verbas e bloqueios de bolsas de pesquisas destinadas às universidades federais. Disponível em: https://www1.folha.uol.com.br/educacao/2019/05/bolsonaro-diz-que-manifestantes-contra-cortes-na-educacao-sao--idiotas-uteis-e-massa-de-manobra.shtml.

> [Influencer-PJB] Com Bolsonaro na Presidência da República teremos a oportunidade de fazer também uma **ampla reforma da universidade brasileira**, acabando de vez com esse antro de corrupção ideológica que tem sido a universidade em nosso país, para criar **verdadeiros institutos de investigação científica** e de promoção da **verdadeira educação intelectual do povo brasileiro.**

Nessas premissas residem a defesa de que as universidades deveriam ser primeiro combatidas, para promover sua purificação ideológica, e posteriormente reconfiguradas como instituições relevantes para o resgate dos valores moralmente aceitáveis. E isso só seria possível se a teologia judaico-cristã ocidental fosse a base teológico-científica que orientasse toda a produção da *"verdadeira educação intelectual"*. Quanto a essa proposta, os neopentecostais compartilham do mesmo ideal defendido pelos tradicionalistas. Uma das pautas neopentecostais seria instituir uma educação a partir da *"cosmovisão cristã"*, como sugeriu a pedagoga evangélica Iolene Lima, ex-secretária executiva da ex-ministra Damares Alves e uma das nomeadas para ocupar um cargo na gestão do então ministro Vélez Rodrígues. Para Iolene Lima,

> Uma educação baseada em princípios é uma **educação baseada na palavra de Deus**. Onde a geografia, onde a história, a matemática, vai (sic) ser vista sob a ótica de Deus, numa **cosmovisão cristã**. Então o aluno vai aprender que **o autor da história é Deus**. O realizador da geografia é Deus. Deus fez as planícies, Deus fez os relevos, Deus fez o clima. O maior matemático foi Deus. Ele começa a palavra lá em Gênesis, no primeiro dia, e no segundo dia, e no terceiro dia... então para os alunos, por exemplo os menores, de primeiro ano, é o primeiro contato que eles têm com a matemática já é no livro de Gênesis. Então é **toda a disciplina do currículo escolar organizada sob a ótica das escrituras.**[75]

Católicos e evangélicos colecionam divergências quanto aos modos de compreender o que seria exercer verdadeiramente a fé cristã, uma cisão marcada pelos desdobramentos da Reforma Protestante, compreendida pelos tradicionalistas como um dos primeiros declínios morais que deram início ao pensamento moderno. Entretanto, ao longo de vários séculos de transformações das duas denominações, a defesa de uma cultura judaico-

---

[75] Disponível em: https://jornalggn.com.br/noticia/geografia-e-deus-matematica-e-deus-historia-
-e-deus-mec-tem-nova-secretaria-no-nivel-damares/; e disponível em: https://www.facebook.com/
watch/?v=613578135736992.

-cristã ocidental permaneceu como lugar comum para a formação de alianças no campo de atuação política, favorecendo aproximações de ordem mais secular do que teológica.

As mídias digitais podem ter oferecido uma via de aproximação ainda maior entre as vertentes do catolicismo tradicionalista e o protestantismo neopentecostal do ponto de vista do compartilhamento de narrativas similares. Ambas acreditam no conceito de que para viver uma vida de virtudes, sem sofrimentos e desfrutando de toda sorte de bênçãos divinas, seria preciso restaurar um mundo que está em decadência e separado de Deus. A partir de estratégias seculares de mobilização da massa, acionando o fanatismo e o "pânico moral" (RUBIN,1992), esses grupos religiosos autoritários buscam sua ascensão ao poder como meio de garantir a reestruturação das instituições, supondo fazer com que o pêndulo do tempo (a história) retroceda — algo como fazer a "justiça de Deus" com as próprias mãos. A ideologia do movimento reacionário-conservador espera alcançar seu futuro caminhando em direção ao "final dos tempos", vendo mais vantagens do que perigos na ideia de sua aceleração. Nessa concepção, já não se trata da premissa cristã ascética de uma relação divino-humano para "suportar", ou dar suporte, à sociedade, mas de uma relação secular sujeito-sociedade em que a sociedade extirpada de significado concreto — destituída de um conceito aberto de *demos* —, porém transcendente, é o instrumento fundamental para se alcançar a comunhão com o divino.

A retórica escatológica da degradação mundial e a imprescindível atuação política do cristão, "homem de bem", no papel de salvador da humanidade sustentam essa base ideológica teológico-política. Desse modo, mesmo que em sua organização e sua história as vertentes religiosas tradicionalistas e neopentecostais sejam distintas, elas compartilham de uma agenda que ganha força centralmente na disputa acerca das narrativas relativas à "concretude moral": o corpo, o gênero e a sexualidade — tal concretude moral do corpo se daria por meio de sua performatividade normativa (BUTLER, 1999). Como veremos adiante neste capítulo, o pânico moral é um aglutinador das narrativas autoritárias. Desde a constituição de 1988, religiosos evangélicos agem politicamente no sentido de garantir que algumas das pautas que lhes eram caras estivessem em concordância com o texto final do documento. Como afirmam Reginaldo Prandi e Renan Santos,

> [...] cabia aos 'irmãos' enviados à Constituinte evitar que fossem aprovadas as pautas em defesa dos homossexuais, dos comunistas, das feministas, da liberalização do aborto, do uso de drogas, e de quaisquer outros temas contrários à moral cristã (PIERUCCI, 1989; FRESTON, 1993 *apud* PRANDI; SANTOS, p. 372, grifo dos autores).

A tentativa desses grupos em reestruturar as instituições e o campo do debate público se dá em torno das disputas sobre os fatos; o que é a verdade; o que pode, ou não, ser considerado científico; e, desse modo, a criação e a reestruturação de instituições acadêmicas seriam seus tanques de guerra para vencer a guerra cultural. Quando as universidades públicas são declaradas inúteis e caras nas narrativas do movimento reacionário-conservador, não se está apenas acionando um ressentimento daqueles e daquelas que se sentem excluídos do ensino superior ao mesmo tempo que se ressentem por sustentarem o *establishment* e a elite acadêmica com seus impostos. Tampouco se trata do mesmo o ressentimento neoliberal, que vê nesta questão um desperdício ou o mau uso do dinheiro público, quando se poderia privatizar o ensino superior, fomentando o mercado e gerando lucros a investidores do ramo. Para o fanatismo religioso, o ressentimento surge da ideia de que as universidades públicas deveriam ser destinadas ao ensino da "*sinceridade*" perfeita de Deus, formando os futuros líderes da nação para "divinizar" as instituições, a ciência, a imprensa; e, em seu objetivo final, "o povo".

A educação, mais especificamente o ensino superior, é um tema de absoluta relevância para os grupos intelectuais tradicionalistas, no Brasil e no exterior. O tradicionalista católico Stephen K. Bannon — o mais notório ideólogo do movimento *AltRight* nos Estados Unidos durante a gestão de Trump (TEITELBAUM, 2020), e entusiasta do bolsonarismo brasileiro — expressou publicamente em 2018 que tinha grandes planos para dar continuidade ao surgimento de líderes do reacionarismo autoritário no mundo. Seu mais novo projeto era criar uma universidade para instruir futuros líderes da extrema-direita[76], em suas palavras "*an academy that brings the best thinkers together*" (uma academia que reúna os melhores pensadores).

---

[76] Embora iniciado, o projeto não chegou a se concretizar devido a irregularidades contratuais, pressões políticas e protestos de moradores locais. Os trechos referentes às falas de Stephen K. Bannon e seu associado, Benjamin Harnwell, foram extraídos de dois artigos jornalísticos dos veículos de comunicação *The Washington Post* e *NBC News*. Disponíveis em: https://www.washingtonpost.com/world/europe/with-support-from-s-teve-bannon-a-medieval-monastery-could-become-a-populist-training-ground/2018/12/25/86dac38a-d-3c4-11e8-a4db-184311d27129_story.html?nor%E2%80%A6%201/5; e https://www.nbcnews.com/news/world/steve-bannon-u-s-ultra-conservatives-take-aim-pope-francis-n991411.

O projeto de formação de uma extrema-direita acadêmica contaria com uma sede no alto de uma montanha na Itália, no monastério de Trisulti, um local repleto de referências do catolicismo medieval. Ali, Bannon poderia formar seus *"modern gladiators"* preparando-os para lutar a guerra cultural contra os perigos modernos que ameaçam a cultura ocidental judaico-cristã. De acordo com palavras de um dos associados de Bannon, a missão da universidade era se tornar uma *"gladiator school for culture warriors"* (uma escola de gladiadores para guerreiros culturais); uma academia onde *"guerreiros"* finalmente aprenderiam *"the facts"* (os fatos). E para o aprendizado desses *"fatos"* seria necessária uma carga horária considerável, em nível de pós-graduação, em cursos como Teologia, Filosofia, História, Economia e *"applied arts of the new media"* (artes aplicadas das novas mídias) — uma especialidade que o próprio Bannon ministraria para seus *"gladiadores"*.

O *"guerreiro"* de Bannon e o "homem de bem" bolsonarista são o mesmo personagem — ele está no centro das narrativas, ele é a causa maior dessa guerra, a mais relevante; ele é a sua vítima e também o seu herói, o messias capaz de salvar a "verdade". Ele é a espinha dorsal do ideário autoritário da extrema-direita que se une globalmente na guerra cultural contra o *"comunismo"*. É interessante observar que nas narrativas autoritárias as duas instâncias, sexo e verdade *"dos fatos"*, aparecem juntas de forma arbitrária e interdependente, fazendo proliferar as narrativas do pânico moral. A mesma ideologia que investe em um plano de estabelecimento de uma ciência e de uma "verdade" também indica necessitar de um projeto acerca da sexualidade. Afinal, como Foucault expôs em suas obras, qualquer projeto de poder e saber é uma questão que implica a sexualidade (FOUCAULT, 2012).

Como veremos a seguir, mesmo que o *"guerreiro"*, estadunidense ou europeu, não possa se reconhecer inteiramente no cidadão comum sul-americano "pagador de impostos" (e vice-versa) devido a contextos socioeconômicos muito diferentes, o "homem de bem" e as narrativas que o sustentam se tornam adaptáveis porque a centralidade de sua luta está no fato de que sua virilidade deve representar as fronteiras morais da pátria. Enquanto criatura de Deus, feito à Sua imagem e semelhança, a verdade acerca do gênero e da sexualidade do "homem de bem" é toda a referência simbólica que viabilizará a promessa de restauração do divino, da ciência, da *"alta cultura"* e da superioridade branca, heterossexual e judaico-cristã ocidental.

**3**

# PELOS HOMENS DE BEM: GÊNERO, RAÇA, UNIVERSIDADES E O PÂNICO MORAL

> É a Europa que articula o Oriente; essa articulação não é prerrogativa de um mestre de marionetes, mas de um genuíno criador, cujo poder de dar a vida representa, anima, constitui o espaço do contrário silencioso e perigoso além das fronteiras familiares. (SAID, 2007, p. 94).

Algo aconteceu na antiga região da Báctria, e não sabemos ao certo todos os detalhes dessa história. Formada por um intenso processo civilizatório urbano desde a era do Bronze na Ásia Central, estudos iniciados nos anos 1970 indicaram que, em algum momento da remota história da Báctria, sua civilização foi composta por povos indo-arianos, eurasianos e greco-macedônicos[77]. Desse modo, o judaísmo, o budismo, o zoroastrismo e o helenismo teriam coexistido em vários momentos. Quando os gregos helenistas colonizaram a região, fizeram dela o reinado greco-bactriano, incorporando diversos elementos do legado persa, mas ressaltando que tal conquista seria a prova de sua natureza gloriosa e superioridade intelectual (ALDROVANDI, 2010). Perenialistas, do nazismo e da e da extrema-direita atual, também têm afirmado que daquela mesma região teria migrado a mítica sociedade ariana, um povo que, sem ter supostamente sofrido miscigenações ou influências culturais, teria se estabelecido na Europa, dando origem a um povo superior no mundo[78].

Edward Said (2007), em *Orientalismo: o Oriente como invenção do Ocidente*, ressalta que essa divisão entre Ocidente e Oriente, a partir de uma "geografia imaginativa", surgiu primariamente como um discurso da

---

[77] Cibele Aldrovandi sugere que a região da Báctria se tornou um local de intenso trânsito de diferentes povos que deixavam suas áreas rurais para habitar as avançadas cidades bactrianas sem evidências de que necessariamente tivessem existido coerções e guerras que forçassem seu êxodo (ALDROVANDI, 2010).

[78] Jason Reza Jiorjani é um dos intelectuais perenialistas contemporâneos que tem discutido uma reabilitação da ideia de existência de uma raça ariana, em que ele alega ser parte do povo atual do Irã, mas não da totalidade do povo iraniano. O arianismo de Jiorjani se configura como um suporte ideológico à extrema-direita internacional na defesa de uma sociedade de castas — uma premissa perenialista — com o intuito de combater o islamismo no Ocidente. Em algumas de suas entrevistas em canais digitais, Jiorjani tenta ressignificar a defesa do arianismo, desassociando-o, em partes, do ocultismo nazista, refutando apenas que o arianismo deva fundamentar o antissemitismo. Jiorjani é um dos intelectuais que fazem parte do Tradicionalismo estadunidense e que mantêm relações com o ideólogo Stephen Bannon (TEITELBAUM, 2020).

superioridade cultural, tecnológica e, portanto, racial da Europa. Tal ideia de superioridade foi elaborada inicialmente pela intelectualidade grega e romana, já em oposição aos povos árabes. E essa noção foi intensificada pelo cristianismo, que buscava o domínio de locais sagrados durante suas cruzadas, uma ideia que na modernidade foi reiterada pelos eruditos orientalistas europeus a partir do século XVIII.

Segundo Said, a imaginação europeia inventa o Oriente como uma terra distante, amorfa e perigosa que, em algum momento da história, tem seu poderio derrotado pela astúcia dos povos gregos e romanos. Estes teriam comprovado então não apenas a superioridade racial ocidental, mas criado também os elementos que definem as distinções culturais entre os povos. Como afirma Said,

> Na Grécia e na Roma clássicas, os geógrafos, os historiadores, as figuras públicas como César, os oradores e os poetas contribuíram para o fundo de saber taxonômico que separava as raças, as regiões, as nações e as mentes umas das outras; grande parte disso funcionava em benefício próprio, existindo para provar que os romanos e os gregos eram superiores a outras espécies de povos. (SAID, p. 95, 2007).

Assim, a Báctria, uma região que engloba hoje o Afeganistão, parte da Índia e do Irã, seria essa notável singularidade das confluências e continuidades histórico-culturais da humanidade. Ao mesmo tempo que ela se torna uma das referências supostamente comprovadas da origem do *magnífico* povo ariano na retórica nazista, ela também embaça a linha que corta o Ocidente e o Oriente. Ela se apresenta como possibilidade de ser esta dupla referência: por um lado, ela provaria a origem de algo supostamente exato, um ponto de encontro civilizatório entre povos perfeitamente definíveis; por outro lado, ela estabelece o seu fim ao colocar em suspenso a pureza da raça e a pureza da cultura ocidental judaico-cristã.

Segundo Foucault, "o que se encontra no começo histórico das coisas não é a identidade ainda preservada de sua origem — é a discórdia entre as coisas, o disparate." (FOUCAULT, 2013, p. 276). Desse modo, entre um Oriente contemporâneo não cristão, perigoso e detestável e o Oriente da antiguidade, dos arianos, passando por terras bíblicas do belo e puro Oriente, que sustentam as narrativas acerca da origem da cultura judaico-cristã ocidental, a Báctria seria essa referência histórica e geográfica do "disparate".

Ao estabelecer a coerência da história, determinando onde tudo começou e terminou, o Tradicionalismo contemporâneo tem insistido em definir, de um ponto de vista pretensamente erudito, as fronteiras do que pertence a quê, justificando que um retorno à tradição implicaria reorganizar também hierarquicamente a raça, o gênero, a sexualidade, os corpos e as vivências. Também permitiria conferir-lhes identidades estanques e historicamente referenciáveis, determinando quem e o que pode ser o significante simbólico na escala de purezas da cultura ocidental judaico-cristã. Utilizando o método do negacionismo, ao negar tudo e qualquer coisa, o fanatismo pode então inventar o mundo como melhor lhe apetecer. E, ao contrário do que pode parecer aos ideólogos tradicionalistas mais engajados, esse método é um tanto moderno.

Seguindo a esteira da produção de saber típico da modernidade, a historiografia da Tradicionalismo autoritário contemporâneo corrobora a modernidade em sua versão mais bem finalizada. Seus métodos de sloganização da história, da cultura e da geografia — "revisadas" pelo fanatismo e pelo negacionismo — dão às massas deslocadas um lugar de pertencimento no mundo, propondo a elas que seria possível construir um mundo inteiramente novo onde poderíamos decidir com quem queremos coabitar, sendo essa, precisamente, a manifestação da modernidade em seu ápice de ruptura com a tradição (ARENDT, 2012). Seus mecanismos de produção de uma historiografia, da verdade do sujeito e da ciência são uma busca por construir o que Foucault chamou de um "regime de verdade", sendo este um dispositivo típico do pensamento biopolítico moderno, altamente ficcional e coerente (FOUCAULT, 2012a, 2008). A ideia de que os tradicionalistas são, de fato, contra a modernidade é uma contradição do movimento, porque é justamente o pensamento moderno, em seus mecanismos de poder, que fará da história seu campo de coerência, eliminando dos discursos suas descontinuidades (RAGO, 1995).

A sugestão dos tradicionalistas perenialistas contemporâneos em afirmar que há uma origem e coerência na história da humanidade aposta na ideia de que é possível acionar uma tradição ocidental judaico-cristã, inevitavelmente racializada e generificada, como uma referência cultural histórico-geográfica estável e universal para diferentes povos e nações do mundo. Essa proposta narrativa implica uma licença poética incrível se considerarmos que a defesa desse Ocidente "universal" consiste também em uma referência de verdade racial para as populações miscigenadas dos continentes americanos. É no mínimo curioso que uma parte significativa da população brasileira possa acreditar que sua origem, ou pertencimento identitário, seja realmente o amálgama da "cultura judaico-cristã ocidental". Principalmente se considerarmos o legado mitológico construído por obras como *Casa-Grande e Senzala*, que contribuiu na cristalização discursiva de um povo brasileiro imaginário pacífico, em que não haveria conflitos étnico-raciais nem miscigenações produzidas pela violência sexual e assimetrias de poder.

De qualquer modo, o mito da democracia racial e suas narrativas de que as diferentes etnias e culturas coexistiriam em harmonia no Brasil parecem ter feito mais sentido para o autoritarismo brasileiro no século passado do que neste. Ao mesmo tempo que a crença no mito da democracia racial no Brasil continua plenamente ativa, seria preciso também ressaltar que ela tem passado por processos de instabilidade cultural, uma vez que as conquistas dos movimentos sociais têm promovido pautas de questionamento a esse grande mito *fundador* do povo brasileiro. O racismo tem se tornado um tema cada vez mais consolidado no debate público, e as cotas raciais nas universidades públicas brasileiras comprovadamente produziram efeitos positivos na educação superior, para a decepção dos setores reacionários da sociedade.

A ideia de um ocidentalismo à brasileira tem aparecido com ênfase nas narrativas do movimento reacionário-conservador como uma afirmação racial sem que necessariamente isso signifique, ao menos no Brasil, uma suposta pureza cromossômica da raça. Esse *neo-ocidentalismo* à brasileira poderia responder aos anseios de parcelas brancas e não brancas, dando sentido à sua filiação à supremacia "branca" brasileira enquanto símbolo da cultura nacional. Uma nova mitologia do povo, tendo suas bases construídas na cultura cisgênera-heterossexual-judaico-cristã-ocidental "universal". O Ocidente, a Europa, o medievalismo católico, o colonialismo e a branquitude seriam os elementos referenciais de tal herança judaico-cristã ocidental, e, portanto, elementos primordiais também constitutivos da cultura nacional e do povo brasileiro. Assim, o mito da democracia racial passaria a coexistir em suposta coerência com outro mito, um ocidentalismo branco, brasileiro, cristão, do século XXI, adaptado e alinhado às políticas da extrema-direita global, podendo alçar o Brasil à integrante de uma ampla comunidade transnacional.

Por esse prisma, a defesa do Ocidente pelo movimento reacionário--conservador contemporâneo emerge como um discurso acerca de uma geografia imaginativa que serve à noção de regime democrático "imunitário" (ESPOSITO *apud* DUARTE, 2020), em que cada nação definiria suas próprias fronteiras, suas distinções e suas hierarquias no escopo de uma base ideológica judaico-cristã ocidental comum. A partir do negacionismo e do revisionismo histórico, cada nação estabeleceria suas fronteiras culturais — suas verdades históricas. E, a partir dessas fronteiras, o "homem de bem" — massificado, ressentido e deslocado de um lugar no mundo — poderia dar vazão ao seu rechaço aos avanços dos movimentos por justiça social e, assim, posicionar-se em defesa da preservação de seu suposto pertencimento tribal à cultura judaico-cristã ocidental, um status que estaria sob ataque nos dias atuais. Um Ocidente injustiçado que Olavo de Carvalho descreve com as seguintes alegações:

> [Olavo de Carvalho] Se você pegar... assim, índios, africanos, etc. Eles são oprimidos? Bom, veja, a história dessas comunidades. Em si mesmas, são (*sic*) muito mais opressoras [expressa indignação] da sua minoria interna e das comunidades vizinhas **do que o Ocidente jamais foi**. Se você pegar a história da escravidão na **África, por exemplo,** você teve impérios africanos que se especializavam em invadir as comunidades vizinhas e pegar milhões de escravos, dos quais oitenta por cento eram capados, que eram vendidos para muçulmano, [...] tinha que ser capado para não concorrer [...] na posse com as mulheres. [...] dos capados oitenta por cento morriam [riso]. Não tinha cirurgia decente, então, logo, cortava as bolas, tinha hemorragia e morria. Logo, tinha que pegar mais escravo. Isso aconteceu durante milênios. **Algum português fez isso? Sair correndo atrás dos neguinho (*sic*) para capar? Nunca português fez isso,** né, meu deus do céu! Então, esses foram **os grandes escravizadores. O maior centro de escravização do mundo foi na África** durante milênios, e uma escravidão que **não tinha os freios** que a escravidão teve no mundo ocidental. Existe um famoso texto que chama [dúvida]...ou *Da Moral Cristã No Tratamento dos Escravos*, alguma coisa assim...um texto do século XVIII... "você não pode fazer isso, mais isso, mais isso". Ainda no Império brasileiro teve a famosa baronesa de Sincorá[79], foi

---

[79] Não encontrei registros de que qualquer das duas esposas do barão de Sincorá estivessem envolvidas em crimes. É provável que o escritor estivesse se referindo ao famoso caso da baronesa do Grajaú — dona Ana Rosa Viana Ribeiro —, ocorrido em 1876, em São Luís do Maranhão. O crime do qual a baronesa do Grajaú foi acusada envolve elementos de tortura que causaram a morte de um menino negro escravizado que tinha apenas oito anos de idade. De acordo com o artigo de Rui Cavallin Pinto para o Memorial do Ministério Público do Paraná, "Em 14 de novembro de 1876, foi levado ao cemitério da Santa Casa de Misericórdia de São Luís do Maranhão, para ser enterrado, o corpo do menino escravo, de nome Inocêncio, de 8 anos de idade, que apresentava ferimentos generalizados, como contusões, três na cabeça, com derramamento cerebral; feridas e equimoses em todos os membros do corpo e até sinais de ruptura do reto, provocada (ao que se disse), pela introdução de um garfo no ânus. Lesões essas produzidas, provavelmente, por pancadas, açoites, instrumentos contusos ou pressão por cordas, ou outro qualquer meio contundente de maior impacto." (PINTO, 2015.).
O caso foi simbólico porque dividiu opiniões entre alas políticas liberais e conservadoras. A elite conservadora brasileira da época tomou o caso como uma afronta moral à pessoa de dona Anna e sua família. Sua condição de ré, acusada pela morte de um escravizado considerado como sua propriedade, e o fato de ter sido presa por cinco dias até ser levada a julgamento diante do Tribunal do Júri eram considerados humilhações inconcebíveis para a aristocracia política brasileira. Ao final, a baronesa do Grajaú foi inocentada do crime em decisão unânime por falta de recurso (PINTO, 2015.). Disponível em: https://site.mppr.mp.br/memorial/Pagina/O-promotor-e-o-crime-da-Baronesa.

> parar na cadeia porque matou um escravo. Imagina se na África alguém era preso porque matou um escravo? **Fazia o que quisesse.**
>
> [...] por exemplo, os índios da América, os astecas. Tem uma historiadora sueca chamada [inaudível] que escreveu um livro coletando todos os depoimentos que ela encontrou de sobreviventes das guerras astecas. Os astecas invadiam todas as comunidades vizinhas catando gente para [...] ser vítima sacrificial nos festivais de fim de ano. Matavam vinte mil pessoas por ano, arrancavam o coração! Eu vi, eu tive lá no México, eu vi os altares onde eles arrancavam o coração **dos neguinho** (*sic*) [...] **E você vai dizer que esses índios são oprimido (*sic*)? Nada!** E falar "ah, existe uma dívida histórica". **Eles têm uma dívida histórica!** Você já viu algum asteca se arrepender? [...] Já viu algum africano se arrepender? [...] Nunca se arrependeu! [...] Vê se tem algum muçulmano arrependido da escravidão islâmica [...]. Então, **essas comunidades são desumanas**, são opressivas, são tirânicas e muitas delas são cruéis e sangrentas, cê (*sic*) tá entendendo? **E quando vem para o Ocidente ficam se fazendo "nós somos as vítimas".** Por que? "Ah, porque eu queria uma casa de quatro dormitórios e só me deram uma de três", [...] "Ah, porque eu queria **um lugar na melhor universidade** e só **me deram** a universidade da esquina, isso é injustiça, é opressão". Isso é um **bando de filho da puta**, é isso o que esses caras são, porra! Vão contar a história direito! Cada um se arrepende dos seus crimes, nós dos nossos, vocês dos seus, tá bom? **Daí compara, você vai ver quem é o pior.**

A defesa do Ocidente nas narrativas autoritárias do século XXI — assim como na elaboração europeia de cultura superior em relação ao Oriente — oferece ao "homem de bem" massificado moderno não apenas uma origem e um pertencimento cultural, mas sobretudo lhe confere superioridade moral sobre qualquer elemento que se contraponha ao seu ideal normativo. Nessa perspectiva, as discussões acerca dos impactos sociais das colonizações europeias sobre suas colônias, incluindo o Brasil, são entendidas como males menores se comparados aos outros povos e culturas. Suas interpretações da história ignoram as descontinuidades e as dinâmicas das relações de poder com o intuito de moldar eventos históricos a partir do argumento de que a moral cristã, superior em qualidade, teria estabelecido limites à barbárie; ao contrário da moral não cristã, que seria *"sem freios"* e pautada no fazer *"o que quisesse"*.

Ademais, a injustiça que a historiografia contemporânea teria feito à cultura ocidental consistiria em um plano conspiratório para escamotear os grandes e verdadeiros opressores na história das civilizações. Desse modo, em sua guerra cultural o *"guerreiro dos fatos"* possui quatro funções discursivo-identitárias fundamentais: 1. saber distinguir os diferentes de si e separá-los da ideia de povo; 2. proteger a cultura ocidental de influências identificadas como não ocidentais; 3. fixar os limites do moralmente aceitável do ponto de vista judaico-cristão sobre o gênero e a sexualidade; 4. estabelecer no debate público as fronteiras que salientam os marcadores da suposta superioridade ética judaico-cristã ocidental versus a vilania opositora. O homem de bem, em sua função de *"guerreiro dos fatos"*, deve publicizar uma performance da virilidade autoritária que se indigna com a corrupção moral alheia. Assim como nos regimes fascista e nazista, sua virilidade racializada é construída discursivamente a partir de oposições normativas estanques e eticamente pouco complexas — "o homem não é a mulher" e "o ariano não é o judeu" (CHAPOUTOT, 2013).

## À PROCURA DA VIRILIDADE

Os argumentos acerca do homem de bem, e sua "natural" adesão à cultura judaico-cristã ocidental, têm sido utilizados como dispositivos discursivos que necessitam um do outro para se sustentarem como uma verdade acerca da raça, das crenças e dos costumes, mas sobretudo, da sexualidade. A masculinidade ocidental seria naturalmente cisgênera, heteronormativa e patriarcal, sendo estes os marcadores da superioridade moral do homem de bem e nada poderia questioná-los sem recair na acusação da degeneração moral. As maiores ameaças à existência do homem de bem são, portanto, quaisquer elementos da pluralidade social que possam produzir o imaginário do *"capado"*, o não viril — esses seriam os *"grandes escravizadores"*. O alerta de que humanidade teria atingido o nível máximo do colapso social se faz quando elementos narrativos não judaico-cristãos, não ocidentais, não brancos, não heterossexuais e não cisgêneros desestabilizam seu ideal normativo de masculinidade — incluindo a instabilidade de não ter garantias do seu direito à prótese, como é o caso das armas. Tais ameaças demandariam soluções de Estado, mobilizações da sociedade civil, das Forças Armadas, do campo jurídico, da medicina e da ciência. Afinal, esse seria o problema mais urgente de toda uma nação.

Durante uma declaração pública em abril de 2019, Bolsonaro, recém--empossado presidente da República, mostrou-se consternado por um *"dado alarmante"* que, segundo ele, chegou ao seu conhecimento por meio de profissionais da saúde. Citando dados estatísticos, Bolsonaro se disse muito preocupado com a situação do povo brasileiro, com suas condições de higiene e qual seria a compreensão do povo quanto aos cuidados necessários para o seu bem-estar. Em um raro momento de serenidade, Bolsonaro explanou à imprensa presente de forma austera e com a voz quase embargada que *"no Brasil, nós temos ainda, por ano, mil amputações de pênis por falta de água e sabão"*, e que

> Quando se chega a um ponto desses, **a gente vê** que nós estamos realmente no **fundo do poço**. Nós temos que buscar uma maneira de sair do fundo do poço **ajudando essas pessoas**, conscientizando-as, mostrando realmente o que eles têm que fazer, o que é bom para eles, é bom para o **futuro deles**, e evitar que se chegue nesse ponto ridículo, triste para nós, dessa quantidade de amputações que nós temos por ano[80].

Essa situação de saúde pública é verdadeiramente lamentável. Não pode ser compreendida pelo prisma do *"ridículo"*, principalmente quando a precariedade de certos grupos sociais se traduz em vidas dispensáveis a ponto de que a produção do sofrimento não leva à morte, mas a uma vida sem a integridade do corpo, sendo que a integridade física é essa instância mesma do limite entre a viabilidade da vida e a possibilidade da morte. Entretanto, quando Bolsonaro afirma que esse fato é o alerta de que se chegou *"ao fundo do poço"*, devemos questionar se sua preocupação com a saúde pública brasileira sempre esteve, afinal de contas, centrada na genitália — especificamente o pênis como condição marcadora do ideal masculino normativo.

Em diferentes épocas de sua vida pública, Bolsonaro deu declarações célebres de que ele não se importava com a morte em si mesma, inclusive afirmando que desejava a morte de brasileiros e brasileiras quando deu como exemplo o fato de que a ditadura militar não teria assassinado pessoas o suficiente e que o regime deveria *"ter matado uns trinta mil"*[81]. Em ocasiões recentes, já na condição de presidente da República, Bolsonaro demonstrou

---

[80] Disponível em: https://g1.globo.com/politica/noticia/2019/04/25/bolsonaro-faz-alerta-sobre-risco-de-homens-terem-penis-amputado-por-falta-de-higiene.ghtml.

[81] A declaração foi proferida em entrevista dada ao programa *Câmara Aberta*, no canal Bandeirantes, no ano de 1999. Na mesma ocasião, Bolsonaro afirmou ser favorável à prática de tortura contra seus inimigos políticos. Disponível em: https://www.youtube.com/watch?v=VRzVMcOdK1I.

indiferença, deboche ou rechaço quando foi indagado a respeito das centenas de milhares de mortes produzidas em meio à negligência de seu governo no combate à pandemia de Covid-19. As mortes devido ao vírus, cerca de 700 mil óbitos em todo o território nacional, representaram 10% dos índices registrados no resto do mundo. Dezenas, ou mesmo centenas, de milhares de vidas poderiam ter sido preservadas por meio de ações governamentais que foram repetidamente desprezadas ou combatidas por Bolsonaro e sua equipe de governo.

Mas naquele momento, antes da chegada de uma pandemia global, ainda no ano de 2019, Bolsonaro decidiu ser de suma importância convocar a imprensa que ele costumava repudiar para compartilhar com ela e com todo o país sua sensibilidade em relação à vida e à saúde de homens que haviam sofrido amputações no Brasil, demonstrando a empatia do líder da nação para com o seu povo. Essa foi uma de suas primeiras declarações abertas à imprensa como presidente, algo que se tornaria cada vez mais conturbado ao logo de sua gestão nos anos seguintes. Mas há um fato curioso sobre esse tema. É muito provável que a informação sobre amputações de pênis no Brasil não fosse propriamente uma grande novidade para Jair Bolsonaro.

No ano de 2013, a Agência Brasil publicou uma matéria jornalística com o seguinte título: "*Água e sabão podem livrar os homens do câncer de pênis, diz especialista*"[82]. O artigo relatava a existência de um amplo projeto liderado pela Sociedade Brasileira de Urologia (SBU) e em parceria com as Forças Armadas, um ambiente familiar para Bolsonaro. O presidente da SBU na época, o urologista Aguinaldo Nardi, afirmou que já havia preparativos para a continuidade da campanha no ano seguinte e que era preciso "*insistir nisso, porque sabemos da importância de uma amputação para o brasileiro*". De acordo com o relato do artigo, o presidente da SBU considerava que a campanha deveria ter continuidade porque a amputação peniana "*é uma doença que aniquila o homem na sua concepção exata*".

Podemos notar que essa questão já era debatida nas Forças Armadas com certa ênfase, e é possível que Bolsonaro já tivesse afinidade com o assunto. No entanto o que torna a declaração de Bolsonaro curiosa é cons-tatar que seu primeiro posicionamento como presidente recém-eleito do país, em termos de saúde pública, se voltou justamente para a questão da virilidade do homem brasileiro, "o *que é bom para eles, [...] para o futuro deles*". É notável que a virilidade do homem de bem esteja no centro da política

---

[82]  Disponível em: https://memoria.ebc.com.br/agenciabrasil/noticia/2013-09-23/agua-e-sabao-podem-livrar-os-homens-do-cancer-de-penis-diz-especialista.

bolsonarista, bem como nos discursos da extrema-direita. No argumento de Bolsonaro, e para o movimento reacionário-conservador, a virilidade e o pênis são as referências e as fronteiras que determinam quando e como um país chega *"ao fundo do poço"*.

Uma outra questão envolvendo a saúde do pênis brasileiro iria se destacar no governo de Bolsonaro. E novamente a infraestrutura militar estava no comando da missão. Em abril de 2022, um grupo de parlamentares fez a denúncia de possível superfaturamento em um conjunto de licitações e investimentos de verbas federais concedidos ao Ministério da Defesa, um subsídio de quase R$ 3,5 milhões. Beneficiando dois hospitais militares, a soma do dinheiro foi destinada à aquisição de próteses penianas e à compra e transferência de tecnologia da fabricação do medicamento que trata a disfunção erétil, o Viagra. Os parlamentares também identificaram compras suspeitas de medicamentos para calvície feitas com dinheiro público[83]. Em resposta, o Ministério da Defesa alegou que o Viagra seria utilizado para outros tratamentos, além da disfunção erétil, e que, no caso das próteses, a demanda em seus hospitais são superiores ao que o incentivo concedido conseguiria suprir; além disso, a função dos hospitais militares é cuidar da saúde de sua comunidade masculina, portanto não haveria qualquer anormalidade nas atividades do Ministério.

De fato, cuidar da saúde de todas as pessoas é um dever dos governantes. Entretanto, em um projeto político de nação fálica, um tipo específico de cuidado — não integral, mas seletivo — se sobrepôs a todos os outros. Investir na saúde do homem de bem significou discursivamente privilegiar este que portaria consigo um "bem precioso" — o pênis para além do órgão, mas como prótese totêmica — simbolizando a masculinidade potente que deve sustentar a razão de existir do Estado e das práticas de governo[84]. Garantir a ele a eficácia do pênis se configura como uma tarefa mais honrosa do que atentar com a mesma ênfase aos outros tantos problemas de saúde que o sujeito possa desenvolver, uma tarefa mais importante que o

---

[83] As informações foram consultadas nas matérias jornalísticas do *Correio Brasiliense* e do *G1*. Disponível em: https://www.correiobrasiliense. com.br/politica/2022/04/ 5000101-alem-de-viagra-defesa-aprovou-a-aquisicao--de-60-proteses-penianas.html; e disponível em: https://g1.globo.com/df/ distrito-federal/ noticia/2022/06/08/ compra-de-viagra-e -proteses-penianas-pelas-forcas-armadas-atendeu-principios- da-administracao- publica--diz-ministro-da-defesa.ghtml.

[84] Quando já havia deixado o cargo de presidente, durante um evento em comemoração do feriado nacional do dia 7 de Setembro, Bolsonaro subiu ao palanque e em seu discurso nomeou a si mesmo como "imbrochável" diante de milhares de pessoas. Numa espécie de mantra coletivo, ele convidou seus apoiadores a repetirem o termo com ele em voz alta diversas vezes. É relevantemente simbólico que o que pareceu ser um ato de zombaria fosse também um ato de aclamação ao pênis ereto como um dispositivo afirmativo e identitário do movimento. Disponível em: https://www.cartacapital.com.br/opiniao/bolsonaro-de-imbrochavel-a-inelegivel-dentro-das-quatro-linhas/.

empenho em mitigar os efeitos letais de uma pandemia que atingiu todos as esferas da sociedade. Na demarcação racializada e generificada dos corpos, estratificados por classes, as narrativas autoritárias constroem uma verdade acerca de quais vidas podem ser legítimas como parte do *demos* e quais delas deveriam ser excluídas, destituídas de sensibilização pública.

Joan Scott, em *Gênero: uma categoria útil de análise histórica*, leva-nos à compreensão de como as questões que envolvem o gênero, e também a sexualidade, têm sido uma forma persistente e recorrente de dar significado às dinâmicas de poder. O gênero constrói os signos da política assim como a política constrói os signos do gênero. Essa não é uma categoria paralela às formas de poder; ao contrário disso, a categoria gênero tem sido historicamente uma forma primária que organiza as relações de poder (SCOTT, 1995, p. 86). Ao longo das crises políticas, antigas e modernas, nas revoluções, nos regimes autoritários e mesmo em regimes democráticos, o gênero e a sexualidade têm sido instados a ocupar funções cruciais na organização de hierarquias simbólicas. Como exemplo, Scott evidencia que grupos reacionários contrários à Revolução Francesa também evocaram o gênero para dar significado ao contexto político da época, expressando seu ressentimento diante de uma pátria que não era mais amável, pois havia perdido seu "orgulho nacional" contido na beleza, doçura e feminilidade de Maria Antonieta. Em outras palavras, na visão reacionária, para estabilizar o poder era preciso estabilizar também os ideais do corpo e do sexo, dar-lhes fixidez.

Como um elemento central das narrativas autoritárias, o gênero, em uma definição normativa da diferença sexual, é constantemente reiterado como uma política de Estado da maior relevância. Mas para que ele funcione dessa forma nos dias atuais, em que em regimes democráticos de governo já não imprimem força, ao menos em sua idealização, à hierarquia do gênero, o estatuto de "homem de bem" deve abarcar também as mulheres. A elas é concedida uma função valorativa na defesa dessa causa, da mesma forma como não brancos também poderiam encontrar seu lugar de valor nas reivindicações autoritárias na defesa da branquitude. E uma vez que, pelas distinções normativas do gênero, o viril e o não viril não podem ser equalizados enquanto valores igualmente legítimos, as expressões simbólicas do masculino e do feminino devem estar sempre em condições fixas e hierarquizadas, indicando os "bons" valores complementares das particularidades "naturais" de cada gênero.

A partir de uma moralidade autoritária, o feminino ideal no movimento reacionário-conservador é aquele que reconhece o valor moral de sua posição hierárquica inferior ao masculino, sendo que sua inferioridade é justamente a expressão da estabilidade da virilidade do homem de bem. A feminilidade desejável é aquela em que as mulheres (em uma concepção normativa) reconheceriam que sua posição de valor no mundo estaria arruinada como um resultado das reivindicações pela emancipação feminina, reafirmando que sua emancipação em relação ao "homem de bem", enquanto um projeto político-social, causa ônus a elas mesmas e às relações familiares, relações essas que sustentariam harmonicamente a cultura judaico-cristã ocidental. E é a partir desse suposto ônus à cultura judaico-cristã ocidental — como macro expressão da unidade familiar normativa — que as narrativas autoritárias acerca do gênero explodem e proliferam, incessantemente.

[Olavo de Carvalho] **Durante a história humana inteira,** as pessoas acreditavam que as mulheres **tinham o direito** de não trabalhar. Elas tinham o direito de **ficar em casa.** Agora, o direito de ir para o mercado de trabalho? **Estão escravizando vocês,** tão transformando vocês em empregado (*sic*). **Tão submetendo vocês a todas as humilhações que os homens já passam.** Cê tá entendendo? E é ao contrário. Então, **que raio de direito é isso? Eu não quero esse direito.** Se você quiser ir trabalhar, muito bem, você vai. Mas você ser obrigada a trabalhar? [Hoje] não tem mais escapatória, toda mulher tem que trabalhar, porra! Quer dizer, **conseguiram** inclusive baratear a mão de obra com esse **truque,** dobraram o mercado de trabalho, **a custo de nada,** meu deus do céu!

[Influencer-AC] Vamos falar de péssimas condições de trabalho: "ah, tem mulheres que sofrem **assédio no trabalho**", sim, mas tem homem que limpa esgoto. Também é ruim, não é? [...] As mulheres, **se quiserem** evitar filhos, **elas podem** usar pílula, DIU, injeção, injetável, adesivo...adesivo também, né? Tem de tudo, tem de tudo. **Não estou defendendo contraceptivo porque eu sou cristã** e tal, só estou comentando. Nesse caso, **existe uma infinidade de opções pras mulheres.** O homem, se ele quiser fazer sexo e não conceber filhos, ele só tem uma alternativa que é malcheirosa, desagradável e demora para colocar, [inaudível] dá uma desanimada no cara, que é o preservativo de látex. Ele só tem essa opção. Ele não tem outra. **Pô, mas sistema médico, a ciência... não era todo mundo machista? Então porque faltam aos homens recursos nessas questões?**

É interessante notar que nessas afirmações a noção de sofrimento que a modernidade teria trazido às mulheres concerne primariamente à sua disposição ao lar e ao sexo, em oposição ao trabalho remunerado, que seria a causa da vida privada devastada. Enquanto aos homens estariam faltando *"recursos nessas questões"*, as mulheres teriam opções demais, liberdades demais, e esse excedente da vida moderna seria seu caminho para uma vida esvaziada de valor social, *"a custo de nada"*. Em uma inversão do real, diante de dados factuais de feminicídio, lesbocídio, transfeminicídio e outras tipificações de violências contra as mulheres, a vida doméstica é romantizada como esse lugar seguro à mulher normativa, que poderia escolher evitar os prejuízos da vida pública moderna se reconhecesse seus excessos.

Postulada como uma questão ética, a alegoria feminina que compõe o homem de bem é a da guardiã da moral (STRATHERN, 1995), a guardiã das diferenças sexuais, e sobretudo guardiã da constrição de sua autonomia. A mulher idealizada pelo movimento reacionário-conservador não é messias, nem guerreira, nem heroína, nem sujeito precarizado diante das violências socialmente produzidas — ela não é o pivô da guerra cultural; sua função é condicionar e limitar as narrativas que possibilitariam sua autonomia em relação à autonomia do projeto "homem de bem". Seu papel nessa guerra é se fundir ao homem de bem viril e ativo; tornar-se a contraparte da alegoria para dar estabilidade à esta figura, na qual seus desejos também estariam representados.

Como um retorno à ideia do sexo único — formulado pelo pensamento ocidental aristotélico e, posteriormente, pelo pensamento cristão na escolástica medieval (LAQUEUR, 2001) —, a tradição perdida também se restituiria a partir do gênero. A mulher e o feminino na condição de parcela fraca seriam a opacidade que compõe e dá destaque à força masculina. Desse modo, a "fraqueza" — ou a "fraquejada"[85] — é um elemento fundamental da complementariedade discursiva que constitui a ficcionalidade do homem de bem. E por ser imprescindível à estabilidade da ficção, a idealização da mulher normativa subserviente deve ser aclamada, pois ela representaria

---

[85] O termo foi utilizado por Bolsonaro, em 2017, para se referir à sua filha durante sua palestra no Clube Hebraica, no Rio de Janeiro. No mesmo evento, Bolsonaro fez declarações racistas contra pessoas de comunidades quilombolas e afirmou à plateia que, caso fosse eleito presidente, ele iria acabar integralmente com todas as reservas indígenas e comunidades quilombolas no Brasil. Prometeu ainda cortar verbas públicas para ONGs, e que *"todo cidadão"* passaria a ter *"uma arma de fogo dentro de casa"*. Disponível em: https://exame.com/brasil/piada-de-bolsonaro-sobre-sua-filha-gera-revolta-nas-redes-sociais/. Vídeo do evento disponível em: https://www.youtube.com/watch?v=zSTdTjsio5g.

uma instância de poder feminino nesse projeto de sociedade moralmente saudável[86].

Por outro lado, homem de bem, enquanto ideal fantasmático (DUARTE, 2020), teria a função discursiva de estabelecer os contornos da verdade sobre esse corpo do sexo único; limitar o que pode ou não ser conhecido, o que pode ser relativo ao campo da Educação ou da Medicina, definindo o que é inerente à esfera do debate público ou ao âmbito da vida privada no reduto do núcleo familiar normativo. Por isso, o homem de bem não é apenas o guardião da verdade. Toda a verdade está contida nele. Ele é a fronteira da verdade, e tudo o que possa ser uma ameaça a essa fronteira é o falso. Ele é o representante da "lei" (de Deus, da natureza); seu corpo e sua sexualidade são os símbolos da lei "natural" que estabelecem a ordem do mundo. Desse modo, a violência e a virilidade do homem de bem devem ser reafirmadas repetidamente, pois, como totens performáticos, elas representam o seu compromisso em salvar a "verdade" em meio a um mundo falsificado, artificial e corrupto.

> [Influencer-MF] Não gosta de grito? Porque você foi criado [n]essa **geraçãozinha de estrogênio enviadada**, aí, que quer que fale com você... ao invés de **falar como homem...** quer que fale como se você fosse um viadinho? E mulher, a mesma coisa! [...] **E você tem um salvador agora que é esse homem, o presidente Bolsonaro. Um salvador!** Porque tem muito canal de direita achando ainda que pode criticar o Bolsonaro porque ele é mais um político [...]. **Ele não é mais um político, ele é realmente um enviado de Deus.** Se existe um Deus nesse mundo, esse homem é o enviado de Deus. **É um homem anticomunista!**

> [Influencer-AC] Ele [Bolsonaro] é **igual ao meu pai...** assim, é um tiozão lá, o **tiozão do natal**, que ele **não tá nem aí**, ele fala as coisas [...] **fala o que pensa**, uma pessoa sincera e, de certa forma, **agressiva, porque a verdade, a objetividade, o racionalismo são agressivos.** Você não dá (sic) para ficar discutindo se é, ou não. Por exemplo, a matemática é extre-

---

[86] Essa idealização normativa da mulher e do feminino nem sempre corresponde à mulher concreta apoiadora do movimento reacionário-conservador. Algumas das apoiadoras, que se autodeclaram antifeministas, têm atuado fortemente em atividades públicas que exigem delas uma postura de autonomia perante o machismo que sofrem entre os homens do movimento. Várias delas são professoras, escritoras, jornalistas, advogadas e ocupam cargos políticos. Entretanto pude observar que em algumas *lives* nas mídias sociais, nas vezes em que essas mulheres se posicionaram de forma menos submissa à sua ideologia e ao fanatismo sexista, elas passavam a sofrer ataques difamatórios pelos homens, sendo chamadas pelo termo de "conservadias" – mulheres que se dizem conservadoras, mas defendem uma lógica de empoderamento feminino.

mamente agressiva, dois mais dois é (*sic*) quatro [...]. Discutir, conversar, não dá, né? Então veja como ele [Bolsonaro] **despertou o ódio das mulheres feministas, despertou o ódio do establishment; porque ele é masculino.**

A rejeição absoluta às reivindicações feministas e aos estudos de gênero se torna fundamental para a preservação do ideal de masculinidade do conservador reacionário. Duvidar da heteronormatividade e da cisgeneridade como um dado da ordem da natureza, ou do biológico, configura-se como uma ameaça central ao movimento. As teorias feministas ressaltam que a experiência generificada pertence ao campo da disputa política, recusando o apagamento dos corpos que resistem à arbitrariedade da norma, evidenciando que as violências são socialmente produzidas em assimetrias de poder. Como contraversão, as narrativas fundamentalistas alegam que as premissas feministas seriam as perturbadoras da paz e da verdade natural. Mas essa propaganda antifeminista não é algo novo. Ela tem acompanhado o desenvolvimento histórico de diferentes teorias. O que vemos hoje, com novo verniz, é uma adaptação que ganha novos espaços, por vias populares ou eruditas, no âmago da extrema-direita religiosa. Um desses exemplos de propaganda antifeminista foram os documentos produzidos pela ala intelectual de católicos tradicionalistas desde meados dos anos 1990, argumentando que as feministas, ao questionarem o homem de bem, seriam as grandes promotoras das desigualdades e da violência entre os sexos na sociedade (JUNQUEIRA, 2017).

As acusações ao feminismo de que suas reivindicações seriam uma das expressões mais perversas do "*marxismo cultural*" e de que as teorias feministas seriam uma estratégia conspiratória do "comunismo" para destruir as bases "naturais" do tecido social da família, visam fortalecer narrativas do medo. Assim, uma vez que as teorias feministas e os estudos de gênero expõem a instabilidade de categorias como corpo, gênero e sexo e sua fictícia relação de correspondência (BUTLER, 1999), o gênero e a sexualidade passam a se configurar nas narrativas autoritárias também como um campo primário de sua disputa política na guerra cultural.

Pelo prisma do "pânico moral" (RUBIN, 1992), a ameaça feminista objetivaria a destruição da família. Contudo, para as narrativas autoritárias, o entendimento de que a família estaria em perigo está pautada em outro perigo: a dispensabilidade do homem de bem e de todos os elementos que o sustentam como uma verdade, incluindo a simbologia da genitália, como é possível observar na seguinte declaração:

> [Influencer-AC] A realidade, ela é ampla, é maciça, ela destrói qualquer argumento, qualquer delírio. E nós conservadores contamos com **a realidade ao nosso favor**. Ou seja, **a gente olha um pipi e uma pepeca**, é um homem, é uma mulher. Ê, que legal, **não precisa teorizar nada sobre isso**. Então nós temos ao nosso favor o conservadorismo. E os revolucionários, os subversivos, eles estão sempre a um passo atrás. Porque sempre tem que criar uma teoria para explicar uma coisa que está acontecendo que é óbvia."
> [...] Quem frequenta a **universidade** já deve ter ouvido falar aquelas expressões 'todes', 'amigues', né. Vocês já ouviram? Que os universitários parece (*sic*) que ele bota um 'e', tipo(*sic*) amigues, né...amigos, amigues, enfim. Isso que pra gente, a gente olha pensando: não é possível que essa pessoa tá com o cérebro dessa condição(*sic*), você pensa que é uma zoeira dessa pessoa, que ela **fumou maconha**. Monique Wittig é dessa ideia, mulher não existe, é um símbolo inventado, temos que destruir isso. No lugar disso ela propõe um novo padrão que é o **padrão lésbico**. Então no livro dela, ela diz que o ideal é que não exista homem e nem mulher, mas que todos sejam lésbicos. Ou seja, todos se pareçam com mulheres e **todos amem as mulheres. Então os homens são duplamente dispensáveis, ninguém vai desejá-los e ninguém vai se parecer com eles**.

A problemática apresentada pela narrativa é a de que a dispensabilidade do homem de bem significaria também a dispensabilidade de todos os fundamentos que justificam sua guerra cultural. Mas não se trata de temer a suposta dispensabilidade do masculino pelas teóricas feministas, uma vez que a masculinidade é também uma das possibilidades da abertura das discussões acerca da performatividade do gênero. O perigo apontado é a viabilização de significações abertas quanto à masculinidade. Em outras palavras, o perigo reside na recusa do homem de bem em sua representação fractal binária e normativa, na relação entre o masculino e o feminino como categorias fixas, estáveis e hierárquicas. Para o fanatismo patriarcal, a perspectiva de gênero e sexualidade das teorias feministas propõem o grande risco de que *"todos amem as mulheres"*. Seu medo é que o feminino possa ser um traço subjetivo tão valioso socialmente que a virilidade masculina perca seu status de supremacia, a ponto de que todas as pessoas sejam livres para amar o feminino e, assim, expandir, ou mesmo implodir, em si sua expressão generificada. A ameaça é a de que as fronteiras arbitrárias do gênero e da sexualidade se tornem subjetivamente dispensáveis e indesejáveis.

## RETÓRICAS REPAGINADAS PARA O ANTIQUADO PÂNICO MORAL

Diferentemente do cenário político atual, as discussões e reivindicações feministas desde a primeira até a terceira onda do feminismo, entre os anos 1990 e início dos anos 2000, enfrentavam estruturas normativas bastante rígidas tanto no campo jurídico quanto no campo dos costumes. Portanto, aos grupos autoritários dessas épocas bastava acionar a própria a norma vigente para conter avanços de justiça social, sequestrando o tema pelas lentes da diferença sexual, atrelando-o a discursos biologizantes. O recrudescimento daquele contexto possibilitava escamotear, ao menos no debate público, a noção de que o gênero em si mesmo aciona todo um campo discursivo e, como pontuou Joan Scott nos anos 1990, é um elemento primário nas relações de poder (SCOTT, 1995).

Com a chegada do século XXI, e com uma abertura política maior para as discussões relativas ao gênero e a sexualidade, os grupos autoritários parecem ter sentido a necessidade de adotar explicitamente a noção de gênero como campo primário da disputa política. Mesmo alegando uma recusa do termo, as narrativas autoritárias passaram a operar a partir dele, como fizeram os primeiros intelectuais contemporâneos do campo reacionário católico como Dale O'Leary e os autores dos documentos produzidos pelo Vaticano (JUNQUEIRA, 2017). Ainda que a intelectualidade reacionária fundamentalista busque se fortalecer como grupo político para manter suas convicções, ela tem se deparado com as novas demandas históricas da sociedade e, portanto, das transformações das crenças religiosas. Isso não significa dizer que diante das convulsões sociais os séculos XX e XXI criaram um novo cristianismo, por exemplo, mas sim um novo campo interpretativo da prática religiosa, exigindo dos reacionários uma certa flexibilidade discursiva no sentido de não se perder as rédeas do autoritarismo ao longo do tempo.

Desde as disputas em torno do Concílio do Vaticano II, os parâmetros entendidos como progressistas e seculares do Vaticano não representaram mudanças efetivas em direção a temas urgentes como direitos reprodutivos e direitos sexuais da população LGBTI+. Ao contrário disso, esses foram temas que permaneceram praticamente imutáveis ao longo das transformações da Igreja (SILVA; CÉSAR, 2017; JUNQUEIRA, 2017). De acordo com Emerson Silveira (2014), questões como aborto, liberdades reprodutivas e direito às relações homoafetivas fazem parte do que o autor chamou de controvérsia de eixo moral que se estabeleceu com o advento do Concílio do Vaticano II e seus enfrentamentos a grupos cismáticos. Desse modo, em 1968 o papa Paulo VI estabelece na encíclica *Humanae Vitae* os limites do debate sobre sexualidade e família, determinando que tais temas deveriam ter uma compreensão derivada da escola de pensamento tomista, baseado em São Tomás de Aquino (SILVEIRA, 2014).

Com isso, poderíamos supor que os problemas cismáticos contra o novo concílio até os dias atuais foram, de certo modo, apaziguados quanto às questões da sexualidade. Mas isso não foi suficiente, porque para os tradicionalistas católicos a modernidade em si mesma é a própria abertura para a discussão da sexualidade, do gênero, do corpo, da subjetividade, dos questionamentos quanto à família — a modernidade, nessa perspectiva, representa a abertura do questionamento a toda moralidade que preocupa o pensamento cristão fundamentalista. Devemos nos perguntar até que ponto não seria a invenção da "ideologia de gênero" o mecanismo mais eficaz do Vaticano até o momento para evitar sua completa transformação diante da modernidade em crise. Talvez grupos tradicionalistas autoritários compreendam muito bem que sem provocar a completa destruição do secularismo moderno — e junto dele a destruição da possibilidade da agência humana — não seria possível refrear avanços políticos em direção às liberdades sexuais.

Ao cunharem seus próprios termos em torno da palavra "gênero", reconhecendo-o como politicamente relevante para as reivindicações sociais do século XXI, esses grupos passaram a usar o termo "gênero" de forma difamatória para dar um significado de legitimidade ao pânico moral dentro de regimes de governo de orientação democrática. Em outras palavras, não há a recusa do termo em si, senão a recusa de sua ressignificação. E, de certo modo, isso representa uma virada estratégica dos grupos autoritários que passaram a utilizar a retórica democrática — de que a "ideologia de gênero" estaria ferindo as liberdades das famílias cristãs — para implementar caminhos híbridos para o avanço do autoritarismo. Assim, o termo "ideologia de gênero" não representa a recusa em si da noção de gênero como campo de disputas. Mas, ao ressignificá-lo pejorativamente como "ideologia de gênero", as narrativas autoritárias formam uma verdade "nova", adaptada aos contextos lexicais contemporâneos em uma lógica argumentativa da inversão. Paradoxalmente, a pauta conservadora antigênero tornou o termo gênero, no fim das contas, o grande tema da cultura judaico-cristã ocidental, introjetando-o ao seu discurso para que ele seja reelaborado no escopo de parâmetros autoritários com o intuito de difundir o pânico moral.

Assim como Joan Scott ressaltou que as crises políticas ao longo da história colocam o gênero no centro das discussões políticas, principalmente as questões relativas às definições de feminilidades e masculinidades aceitáveis versus as expressões corrompidas do gênero, Gayle Rubin afirma que nas desestabilizações políticas, a partir do pânico moral, grupos normativos passam a disputar discursivamente acerca de valores sexuais e condutas eróticas. Tais discursos buscam estabelecer as fronteiras morais que determinam quais práticas seriam socialmente aceitáveis e quais deveriam ser consideradas repugnantes e desprovidas da "nuance emocional", apontando como seu alvo grupos socialmente vulneráveis que estão fora dos quadros normativos da sexualidade, como comunidades transexuais, lésbicas, intersexuais, gays e bissexuais (RUBIN, 2003). Podemos observar a operação do pânico moral nas seguintes narrativas:

> [Influencer-AC] A **Judith Butler**, ela... olha só, ela já incorporou essa ideia, ela não vive mais uma ideia somente, tá, ela já incorporou no seu... na sua figura **a destruição do feminino**. Tem algum problema em cortar o cabelo curto? Não. Tem algum problema em não usar maquiagem? Não. Tem algum problema em não usar brinco? Não, não tem problema [...], cada um faz o que quiser, **o problema é que ela** [Judith Butler] **faz tudo isso com uma finalidade ideológica**. Não é que ela acorda de manhã, *"ai, não tô com vontade de passar um batom hoje"*, é que ela **criou toda uma estrutura** de vida baseada numa ideologia. Imagina você todo dia quando levanta, tu vai (sic) tomar uma café, você **ter que pensar** na sua ideologia para ver se aquilo combina ou não. **Vida escrava, vida péssima.**

> [Influencer-DEB] **Ninguém mais aguenta isso, essa inversão de valores.** E na maioria das vezes tudo isso tem a raiz no mesmo problema, que é a questão ideológica. [...] Vamos citar um exemplo, **ideologia de gênero** que você falou. Será que um **pai**, quando deixa um filho na escola, ele vai dar a mão pro filho dele *"vai filho, vai pra escola, **vai lá aprender**

*como é que se faz sexo oral; como é que se faz sexo homosse-*
*xual; como é que você vai fazer sexo heterossexual?* É obvio
que não. As pessoas não entendem como é que pode..., mas
alguém **querer destruir a família? Só que isso tudo vem**
**o que? Lá da raiz marxista.** [...] o problema é que eles têm
que destruir tudo, tem que **destruir a família,** tem que
**destruir a religião** para depois erguer uma sociedade nos
moldes que eles entendam que é justo.

[Influencer-MF] Ele [Weintraub] tentou mexer nisso... o
presidente não consegue e não vai conseguir durante décadas. Por que, o que que você precisa fazer? **Tirar os reito-**
**res das universidades, que são terroristas, que formam**
**terroristas** – não [formam] jornalistas e advogados, nem
biólogos, nem professores de história. Formam terroristas!
Porque vai **tornar seu filho escravo. O seu filho, o seu**
**neto... vai comer cachorro,** se ele tiver sorte. Senão vai
**comer rato** mesmo. Como vocês acham que é formado um
terrorista? Um terrorista do Estado Islâmico, ele é formado
uma criança...como a criança, o seu filho... vai para a escola.
Aqui no Brasil ele já **vai ser abusado, vão introduzir o dedo**
**no ânus, numa vagina, de uma criança de 3, 4, anos de**
**idade, vão masturbar as crianças nas creches, porque é**
**isso que o comunismo ensinou no Brasil.** [...] Se querem
mudar o Brasil e salvar o Brasil **temos que dominar, recon-**
**quistar, as universidades.** [...] Temos que **reconquistar as**
**universidades que estão nas mãos dos genocidas assas-**
**sinos comunistas e colocar lá pessoas tementes a Deus**
que querem transformar nossos filhos em profissionais de
verdade, não em terroristas. **Ou nós retomamos o domínio**
**das universidades ou o Brasil vai continuar sendo o que é.**

De acordo com Rubin, a particularidade do pânico moral consiste na
atenção desproporcional com que esses discursos se voltam às questões da
sexualidade por meio de "atitudes difusas", justificando os argumentos que
defendem uma regulação moral da sociedade. A partir do pânico moral, os
grupos autoritários sistematicamente produzem narrativas que dissimulam
fatos e focam sua atenção em alvos completamente falsos, conduzindo afetos deslocados e simbólicos que reiteram sensações de terror, hostilidade
e insegurança. A suspeita passa a recair sobre identidades estigmatizadas,
consideradas "dissidentes sexuais", como um meio de deslocamento das
"ansiedades sociais" (RUBIN, 2003). Desse modo, os receios dos grupos
autoritários causados pela desestabilização política se canalizam na premissa
de que há uma associação direta entre a dissidência sexual e um mundo

perigoso e em colapso. A sexualidade se torna então uma pauta pública de primeira ordem com a função de inflar indignações, mobilizar o fanatismo das massas e, assim, reivindicar a ação do Estado na promoção de novas regulações sociais.

> [Influencer-PJB] O fato é que Bolsonaro assumiu um compromisso com os brasileiros de fazer respeitar os princípios inegociáveis. Com ele na Presidência da República teremos a garantia de que o direito da família cristã educar os seus filhos segundo a Lei de Deus será respeitado. **O "Estado Democrático de Direito", ou melhor, a democracia totalitária não invadirá arbitrariamente o santuário da família,** como diz Leão XIII na *Rerum Novarum*, para, em nome dos princípios revolucionários da ONU, **impor às nossas crianças a sórdida ideologia do gênero nem a masculinização das nossas mocinhas nem a efeminização dos nossos rapazes.**

> [Influencer-PPR] O menino precisa se afastar do **mundo da mãe.** E ao se afastar do mundo da mãe, ele se torna homem. Então vejam que **o nascimento de um homem é um esforço.** É por isso que **é necessário que se diga para o menino: seja homem** [batidas de punho cerrado na palma da mão]. *Esto vir*[87], né. **Seja homem rapá**(sic). Isso quer dizer o seguinte, faça força. **Porque se você continuar nessa inércia, se você continuar sem fazer força, você vai ficar menininha, você vai ficar efeminado.** Vejam, aqui eu **não estou sendo chauvinista,** não estou dizendo que ser mulher é ruim, não, ser mulher é a melhor coisa do mundo... pras mulheres, mas não é a melhor coisa do mundo pros homens. Aqui que tá a coisa. Ou seja [...] **não é bom para o homem ser feminino,** por que? Porque como o próprio santo **Tomás de Aquino nos faz ver, existe uma riqueza na diversidade dos gêneros.**

> [Olavo de Carvalho] Se os **modelos de autoridade** pessoal na esfera superior da sociedade **desaparecem,** também vai desaparecer nas autoridades inferiores, não é isso? E vai terminar na **autoridade paterna.**

Por meio do pânico moral, as alas mais fanatizadas do movimento reacionário-conservador aderiram à campanha bolsonarista com a promessa de que uma nova regulação governamental sobre gênero e a sexualidade seria implementada em todas as modalidades educacionais. Desde a creche

---

[87] O termo em latim corresponde às palavras "ser" – *esto*; e "homem" – *vir*. A expressão tem sido utilizada nos meios católicos conservadores para significar virilidade e coragem.

até as universidades públicas, a gestão bolsonarista deveria dar especial atenção ao tema. Embora esses grupos aleguem defender a total autonomia da família na educação dos filhos, a fim de livrá-los dos perigos da "ideologia de gênero", é a partir de políticas públicas que tal "autonomia" familiar deve ser sustentada, fazendo com que o Estado funcione de forma a excluir o reconhecimento da pluralidade de configurações familiares, elegendo um modelo ideal e regulando toda a sociedade a partir dela.

É nessa perspectiva, a do pânico moral, que a então ministra Damares Alves lançou uma campanha de "preservação sexual" na adolescência que apostou na divulgação da "abstinência sexual" como único método seguro no combate a DSTs, uma vez que o vírus do HIV, segundo as instruções da campanha, poderia ser transmitido pelos "poros" do preservativo (DINIZ; CARINO, 2020)[88]. É nessa perspectiva também que o ex-ministro Ernesto Araújo decidiu que o governo brasileiro passaria a rejeitar os termos "igualdade de gênero" e "educação sexual" nas resoluções e textos oficiais da ONU, impedindo que o Itamaraty disponibilizasse os motivos ao público por meio de um pedido judicial que bloqueava o acesso aos documentos até 2024[89]. Ernesto Araújo (2019) já havia pontuado em seu artigo, no início da gestão do governo Bolsonaro, que a "ideologia de gênero" seria combatida porque ela faria parte de um conjunto de medidas da agenda "comunista":

> [...] a agenda de esquerda tomou a sociedade brasileira. A promoção da **ideologia de gênero**; o **avivamento artificial de tensões raciais**; a **substituição dos pais** pelo governo como provedor de "valores" para as crianças; a infiltração na mídia; o deslocamento do "centro" do debate para muito longe no campo da esquerda; a **humilhação dos cristãos** e a tomada da Igreja Católica pela ideologia marxista (e a conseqüente **promoção do controle de natalidade**); e assim por diante — esses foram os resultados das políticas do novo governo.

Viabilizar o pânico moral foi um dos mais significativos compromissos de campanha de Bolsonaro com seus apoiadores do movimento reacionário-conservador. As alas religiosas do movimento, fossem elas compostas por

---

[88] Uma das atuações mais conhecidas no campo do gênero e sexualidade de Damares Alves, enquanto ministra, consistiu na força-tarefa que ela e sua equipe realizaram para obrigar legalmente que uma criança de nove anos, grávida em decorrência de estupro, continuasse a gestação, mesmo diante de riscos físicos e psicológicos contra a sua vida. Disponível em: https://www.uol.com.br/universa/noticias/redacao/2020/08/14/damares-diz-que-vai-ajudar-menina-de-10-anos-gravida-no-es.htm. Acesso em: 10 jun. 2021.

[89] Disponível em: https://jamilchade.blogosfera.uol.com.br/2019/09/09/itamaraty-censura-ate-2024-documentos-sobre-sua-postura-relativa-a-genero/.

tradicionalistas católicos ou por evangélicos neopentecostais, já anunciavam que a restauração moral do país só poderia acontecer por meio do controle e supressão das dissidências sexuais. E a ideia de restauração dar-se-ia principalmente no âmbito educacional. A partir do pânico moral, as narrativas autoritárias difundem a ideia de que para salvar a educação superior brasileira seria preciso *"dominar"* as universidades públicas; destituir e substituir reitores[90] *"terroristas"*; formar profissionais *"cristãos"*; combater a *"ideologia de gênero"* e as teorias feministas que estariam produzindo *"uma vida escrava, vida péssima"*.

Pejorativamente rotuladas como instrumentos do *comunismo* e do *globalismo,* as universidades públicas teriam se tornado agentes da promoção da "ideologia de gênero". Sua expansão teria sido desregrada, propiciando a produção de uma ciência inútil, desqualificada e nociva para a sociedade. E por essa razão elas precisariam ser desmanteladas e então reabilitadas dentro do projeto autoritário do movimento reacionário-conservador, moldadas para produzir a "nova verdade" do mundo — uma verdade única, inquestionável e perene — que levaria a humanidade de volta à sua condição de pureza moral original. Desse modo, o pânico moral tem sido um dos principais instrumentos contra a abertura democrática das universidades públicas.

Tal empreitada autoritária mira uma via de acesso e controle das universidades públicas por meio da crise de pressupostos democráticos e a partir de métodos de sloganização do pânico moral nas mídias digitais, demarcando as fronteiras imunitárias que orientam os grupos reacionários fanatizados. Um projeto de "dominação" das universidades públicas não seria possível na modernidade sem investir primeiro na destruição das mediações acadêmicas que referenciam a produção e a divulgação do conhecimento. Mas não se trata apenas de combater quais conhecimentos as universidades podem produzir; sobretudo, trata-se também de uma disputa em torno da definição de quais grupos dentro da academia estariam autorizados a ocupar aquele espaço e, portanto, a produzir conhecimento.

---

[90] No período em que foi presidente, Bolsonaro buscou intervir na nomeação de reitorias ao desrespeitar os nomes indicados em eleições democráticas nas IFES. Esse foi um dos gestos mais significativos à sua base porque ele reafirmou a ideia de que as universidades públicas necessitariam de uma espécie de controle moral a partir de mecanismos antidemocráticos e autoritários. De acordo com o Sindicato Nacional Dos Docentes Das Instituições De Ensino Superior (Andes), até janeiro de 2021 em torno de vinte instituições federais estiveram sob algum tipo de intervenção do Governo Federal quanto a nomeação de reitorias. Disponível em: https://www.andes.org.br/conteudos/noticia/cerca-de-20-instituicoes-federais-de-ensino-estao-sob-intervencao-no-pais1.

# GO TO HELL — BRUXAS, POLEMISTAS E OS PRESSÁGIOS DE 2017

Entre os anos de 2015 e 2017, desenvolvi uma pesquisa sobre a formação de coletivos feministas dentro da Universidade Federal do Paraná. Ao analisar como aquelas estudantes feministas organizavam suas lutas no espaço acadêmico, observei que o que elas reivindicavam da universidade era uma postura institucional contra as violências de gênero na perspectiva de uma transformação cultural da academia.[91] O intuito daquelas estudantes feministas era dar visibilidade às agressões sofridas, expor o quanto essas violências não são de modo algum banais ou esporádicas. Os coletivos buscavam construir práticas acadêmicas mais democráticas, compreendendo que a universidade era uma esfera pública do reconhecimento da precariedade. Contudo o que os resultados de minha pesquisa também mostraram na época foi que, quando essas feministas elaboravam suas estratégias de dar visibilidade às violências sofridas, alguns grupos mais conservadores no interior da instituição se mostraram ultrajados por tal exposição. A indignação maior era a de que se tinha ousado falar desse tipo de violência na esfera pública, no espaço universitário, e não a constatação de que as violências foram praticadas. As supostas banalidades eram agora renomeadas como violências, e falar delas evidenciava as falhas institucionais, gerando a necessidade de um compromisso comunitário — o reconhecimento e o enfrentamento das dinâmicas de injustiça.

Naquela época, esses mesmos grupos conservadores, ainda que indignados com o que chamavam de uma onda do "politicamente correto", pareciam se mostrar menos engajados na disputa de uma noção própria de universidade, o tema era uma questão à margem, uma preocupação menor diante do que consideravam como urgências morais na formação de crianças e adolescentes na educação básica. Foram nos anos posteriores, a partir de meados de 2016, que se pôde notar no Brasil uma espécie de virada discursiva voltada às universidades públicas. Ao mesmo tempo que os movimentos sociais continuamente denunciavam a insuficiência de uma prática democrática nas instituições, outros grupos politicamente

---

[91] As pautas centrais dos coletivos envolviam discutir como certas violências que ocorriam em universidades eram compreendidas como fatos cotidianos, banalidades que se manifestavam nas festas estudantis, nos trotes, em frases nas portas dos banheiros, nas paredes de salas de aula e corredores, nas declarações LGBTIfóbicas e misóginas de docentes e do corpo técnico, nos gritos de torcidas em jogos universitários e também por meio dos silêncios de chefias de setores e coordenações de cursos. A pesquisa também evidenciou que diversos coletivos feministas universitários na cidade de Curitiba eram bastante atuantes tanto em instituições públicas quanto privadas (LANGNOR, 2017).

organizados, que não reivindicavam esses mesmos ideais democráticos, passaram a demandar princípios de outra ordem — uma moralidade cristã e conservadora para o ensino superior público.

O período conturbado do ano de 2016 foi o mesmo ano que teve como desfecho o impeachment da então presidente da república Dilma Rousseff. No decorrer da configuração de uma grande crise política no país, distintamente do período anterior de efervescência dos coletivos dentro das universidades, o que se tornava uma grande questão agora era o fato de que as universidades públicas, o movimento feminista como um todo, o movimento negro e outros movimentos sociais passaram a ser os principais alvos de violência de grupos reacionários e conservadores, fazendo das instituições de ensino público e seus coletivos um só alvo em conjunto. Assim, as instituições e sua comunidade eram designadas como um problema só e, portanto, atacadas enquanto uma unidade. O que se estabelecia naquele momento era a narrativa de que os movimentos sociais e as universidades faziam parte de um complô intelectual e político uníssono que teria causado a decadência moral da sociedade brasileira. A despeito de qualquer consideração contextual acerca da relação estabelecida entre as instituições universitárias e os movimentos sociais, fossem elas antagônicas ou pacíficas, assumiu-se como inquestionável a premissa de que haveria uma contaminação nas instituições. Essa ideia de contaminação gradativamente ganhou visibilidade a partir de vídeos divulgados nas mídias sociais que tinham o intuito de colocar em evidência não apenas o suposto problema com também seu suposto denunciante, que muito em breve, para fins eleitorais, faria de si mesmo um símbolo na luta por uma universidade purificada.

Em meados de 2017, um candidato a vereador de Curitiba, integrante do Movimento Brasil Livre – MBL, iniciou a produção de uma série de vídeos que colocavam sob suspeita a reputação da Universidade Federal do Paraná. Um desses materiais foi produzido no campus UFPR Litoral com o seguinte roteiro: o candidato andava por diferentes espaços do campus durante o período das aulas noturnas, entrando em corredores e em salas vazias, sem que pessoas da comunidade universitária soubessem o que ele estaria filmando e qual era o teor de suas intenções. As imagens do vídeo mostram que o candidato entra em uma sala, sem atividades de aula, onde haviam sido elaborados anteriormente cartazes e artes feministas. Ele lê os cartazes e ridiculariza os conteúdos, rechaça as exposições performáticas e afirma que ali não há arte, apenas a degradação moral. Ele sai pelos corredores do prédio olhando pelas paredes, observando outros conteúdos de reivindicação produzidos por outros movimentos sociais, como o movimento negro. A todo instante, sua postura é a de deslegitimação da comunidade acadêmica, em princípio, como um todo. Porém é preciso atentar para o que há de central em sua indignação: a sua recusa de que possa existir representatividade dos movimentos sociais na universidade pública. Sua indignação contra a universidade era, na verdade, uma repulsa aos corpos que reivindicavam a visibilidade de sua precariedade naquele espaço. Ele afirma no vídeo:

> [...] isso aqui **era para ser** uma instituição de ensino, isso aqui **era para ser** uma instituição para se formar doutores, para se formar o **futuro do Brasil**... e tá virado nisso (sic). [...] **isso aqui é um favelão** [...] **esse povo só fala de racismo, de feminismo** [...] **que vergonha isso, que coisa ridícula.** [...] Cultura do estupro...que eu tô até hoje tentando descobrir que que é (sic) essa tal de cultura do estupro aí, cara.... é uma coisa que eu acho impressionante, como a **universidade brasileira faliu completamente.** Eles **entraram numa paranoia**, estão completamente **desconectados com a realidade.**

A proposta do vídeo era gerar engajamento popular a partir de uma suposta polêmica lançada pelo candidato, a de que a imoralidade havia tomado conta das universidades públicas brasileiras e que ela deveria ser combatida justamente por acontecer nos espaços que pertencem ao "futuro do Brasil", ao povo. Tal argumento desconsiderava que na expressão *povo* também devem estar contidas as pessoas que compõem os movimentos sociais — pessoas que, nas falas do candidato, foram descartadas enquanto parte do *povo*. Em nenhum trecho do vídeo há qualquer tentativa de diálogo com a comunidade acadêmica que estava ali presente, naquele exato momento, desempenhando suas atividades administrativas e pedagógicas.[92] Ao contrário disso, o candidato agiu como se estivesse tentando não "incomodar" as atividades, pedindo o silêncio de seus acompanhantes ao passar pelo corredor das salas de aula. Assim, eles moviam-se despercebidos enquanto narravam sua aversão à pluralidade representada nos espaços da universidade.

Toda a estética do vídeo era como a de uma operação policial, sorrateiramente adentrando o local de um crime, com o intuito de dar o flagrante.

---

[92] O conteúdo do vídeo gerou reações de protesto por parte da comunidade acadêmica e dos movimentos sociais. A UFPR – Setor Litoral publicou uma nota sobre o caso em repúdio ao ocorrido. Disponível em: https://www. correiodolitoral.com/9932/ufpr-litoral-faz-manifestacao-pela-diversidade/.

Não era um confronto, uma conversação face a face, uma manifestação, ou sequer uma reclamação a qualquer setor administrativo do campus. O candidato não era o requerente de coisa alguma, mas um anunciante de seu próprio desconforto, era um defensor de seu pretenso direito à recusa do outro. A lacuna do diálogo era o próprio conteúdo de seu discurso, um discurso que tinha por finalidade a polêmica. Um discurso esvaziado do encontro, ainda que adverso, com outro — uma dinâmica que Michel Foucault denominou como polemismo. Segundo Foucault, o discurso do polemista procura forjar para si um inimigo, recusando qualquer busca pela verdade com o outro (FOUCAULT, 2012b, p. 219-227). Para o polemista, a definição de um rival é o constitutivo primeiro de seu discurso. No caso do candidato, somente o inimigo, em toda a sua representação de periculosidade, poderia justificar suas ações de combate e, para tanto, uma guerra cultural.

O evento ocorrido na UFPR Litoral fazia parte da ampla produção de conteúdo difamatório que já estava sendo mediatizado por um movimento político que, dentre outras agendas, se propunha a mirar as universidades, e que agora se organizava para obter relevância em alcance nacional. De forma capilarizada, os grupos de cada região utilizavam um mesmo método discursivo, o do polemismo. Ações como a que ocorreu na UFPR Litoral viriam a se repetir, em diferentes locais e em curtos intervalos de tempo, por meio de canais e perfis de mídias sociais em todo o Brasil. Uma considerável variedade de enunciados autoritários contra os movimentos sociais e as universidades públicas estava sendo formada metodicamente, e os ataques pareciam seguir o mesmo roteiro, as mesmas estratégias.

Ainda no ano de 2017, em outubro, a Universidade Federal de Santa Catarina se tornou alvo da operação Ouvidos Moucos que investigava um esquema de desvio de dinheiro ocorrido em um departamento da instituição. A prisão arbitrária do reitor à época, feita de forma desproporcional, legalmente irregular e violenta, foi comemorada por grupos conservadores como um símbolo da força policial no combate à imoralidade nas universidades A notoriedade midiática da operação contribuiu com o clima de desconfiança sobre as universidades públicas brasileiras. Um ano depois, a mesma operação policial constatou a inocência do reitor Luiz Carlos Cancellier de Olivo, no entanto, já não havia mais como reparar o prejuízo à sua carreira e saúde emocional. Como resultado do espetáculo da devassa em sua vida e exposição vexatória da comunidade que representava, o reitor cometeu suicídio, deixando registrado em um bilhete o sofrimento que lhe foi causado devido à brutalidade do processo de investigação.[93]

Mais uma empreitada polemista iria ganhar destaque nacional no mesmo ano, no mês de novembro, com a vinda de Judith Butler como palestrante de um evento no Brasil.[94] Aquele seria um evento acadêmico como qualquer outro, não fosse a tentativa de conservadores e reacionários em promover o seu cancelamento. No dia da abertura, ao redor dos portões do Sesc Pompéia-SP, pessoas contrárias ao evento gritavam e exibiam cartazes com insultos à Judith Butler, buscando intimidar participantes que tentavam entrar no prédio. Um esforço coordenado, liderado por um movimento conservador e religioso, que pretendia capitalizar votos para as eleições de seus candidatos no ano seguinte. Ao lado esquerdo dos portões, os autointitulados cidadãos de bem protestavam contra a presença de Judith Butler, contra a "ideologia de gênero" e contra os movimentos sociais e suas demandas. Eles pediam por uma "intervenção militar", por "Bolsonaro presidente" e gritavam o bordão "deus, pátria, família". Foi uma manifestação alicerçada em teorias conspiratórias e de ódio ao outro, direcionando sua fúria[95] contra a realização de um evento acadêmico que não propunha discussões sobre o gênero como seu tema central.

O título do evento, "Os Fins da Democracia", demarcava a pertinente discussão sobre uma democracia em crise, a mesma crise que propiciou que esses grupos organizados vissem naquele debate um perigo a ser exterminado. De modo muito simbólico, o grupo montou uma fogueira no chão da calçada e posicionou um dos pôsteres confeccionados com a imagem de Judith Butler para ser queimado pelas chamas, enquanto isso um dos manifestantes contrários ao evento vociferava: *"você que vai morrer queimada, [vou] queimar você, sua rosca e você inteira! Sua cadela dos infernos! Maldita, vai pro inferno, go to hell!"*[96].

---

[93] Disponível em: https://www1.folha.uol.com.br/cotidiano/2018/09/operacao-da-pf-completa-1-ano-e-reitor-da-ufsc-entrega-dossie-a-ministro.shtml?origin=folha.

[94] Participei do evento presencialmente. As tensões que se deram especialmente no dia da abertura pretendiam criar um clima de insegurança para intimidar participantes que se dirigiam ao evento.

[95] Em vídeo compilado com imagens e falas dos manifestantes contra Judith Butler na abertura do evento no Sesc-Pompéia, é possível constatar que já naquele momento havia um movimento que apostava na figura de Jair Bolsonaro como um líder com as condições de aglutinar campanhas ideológicas direcionadas para combate de pautas de movimentos sociais associados ao meio acadêmico. Disponível em: https://www.youtube.com/watch?v=_t-t32YmMlA&feature=emb_title.

[96] Em uma das confecções com a imagem de Judith Butler, a filósofa foi representada em um boneco usando um sutiã cor-de-rosa e um chapéu de bruxa, em referência a um feminino diabólico e ridicularizável.

A cena fazia alusão aos atos do Santo Ofício, órgão da Inquisição católica medieval que visava perseguir mulheres consideradas malignas e hereges. Mas apara além do julgamento, e condenação, da índole da filósofa Judith Butler, os protestos mais uma vez se voltavam para a suposta univocidade entre academia, movimento feminista e outros movimentos sociais, relacionando os mesmos alvos que motivaram a produção do vídeo contra a UFPR Litoral. O feminismo, e ali precisamente feministas e ativistas LGBTI+, estava no centro das injúrias sem qualquer tipo de ponderação: eram os inimigos de sua guerra cultural declarada e deflagrada.

Nas batalhas imaginadas por esses manifestantes, sua *cruzada* prometia um enredo glorioso: ela exigia o levante de heróis corajosos e habilitados para enfrentar inimigos míticos. Como que em uma epopeia, os "guerreiros" cantam versos sobre o perigo dos monstros, das aberrações poderosas — as bruxas feministas. Há toda uma economia imaginativa nessas narrativas. Subjetivamente ela elabora uma associação entre lendas e contos infantis em nome do derradeiro "resgate" de um passado puro e luminoso. Não é um mero acaso que parte desse movimento tem se identificado publicamente como novos *cruzadistas*, performando coletivamente em pleno século XXI o *ethos* do guerreiro religioso da Idade Média. Autoidentificando-se como guardiões da moral judaico-cristã, eles acreditam ser os mensageiros daquela que seria a referência histórica da genuína florescência humana, o Ocidente medieval cristão. Até mesmo bandeiras com o símbolo das cruzadas têm sido utilizadas como uma espécie de identidade visual de alguns desses grupos. Portanto, não seria de se estranhar que, na interpretação de fatos do presente, os *neocruzadistas* também viessem a se deparar com "bruxas" e hereges.

Os acontecimentos ao longo de 2017 sinalizavam que essas disputas de narrativas possuíam as condições para o acirramento político posterior. Mas talvez não pudéssemos, naquele momento, ter a percepção de que elas poderiam alcançar proporções ainda maiores, algo que se concretizou durante as eleições de 2018. Em 16 outubro de 2018, alguns dias após a votação para o primeiro turno, cinco apartamentos do Crusp, alojamento estudantil da USP, tiveram as portas marcadas com a suástica nazista, e em uma delas também havia sido escrito a frase "volta p/ Bolívia". O ocorrido se deu no Bloco A, onde a maioria das e dos estudantes é formada por mulheres com filhas/os, pessoas negras, nordestinas, LGBTI+ e migrantes[97]. No dia seguinte aos ataques no Crusp, a UnB tomou conhecimento de uma

---

[97] Disponível em: https://g1.globo.com/sp/sao-paulo/noticia/2018/10/18/usp-investiga-pichacoes-de-suasticas-nazistas-em-portas-de-alojamento-estudantil.ghtml.

pichação em seu campus que dizia "se Bolsonaro for eleito, é Columbine na UnB". Ao menos quatro universidades públicas registraram atos de conteúdo racista e LGBTIfóbico nesse período. Ainda no início daquele mês, a UnB identificou que cinco obras de seu acervo sobre direitos humanos tinham sido danificadas de forma proposital.[98]

Com o fim das eleições de 2018, o método polemista das redes virtuais, mostrando-se vitorioso nas urnas, estabeleceu-se como um modo de performance política, fortalecendo ainda mais narrativas que propõem a lógica da desvalorização da universidade pública e dos movimentos sociais[99]. Acadêmicas feministas como Débora Diniz[100] e Márcia Tiburi[101], bem como outras pessoas ligadas aos movimentos sociais, viram-se cercadas de ameaças que atentavam contra sua integridade física, impedindo-as de exercer seu trabalho e até mesmo de viver no país de forma segura.[102]

Outras investigações policiais acerca de desvios de dinheiro em universidades públicas do país também passaram a ganhar visibilidade midiática, contribuindo para a construção da imagem de uma instituição moralmente corrompida e onerosa à sociedade. Antes mesmo que o resultado dessas investigações viesse a público, as narrativas já estavam postas, articuladas na direção de um veredicto popular a favor da sua condenação. A multiplicação das narrativas discriminatórias se deu majoritariamente por debates descompromissados no âmbito virtual. No entanto o fato de que as interações aconteceram no âmbito virtual não impediu que suspeitas e condenações precipitadas, a partir do pânico moral, afetassem as universidades de maneira concreta.

---

[98]  Disponível em: https://www.istoedinheiro.com.br/unb-e-pichada-com-ameaca-de-massacre/.

[99]  No dia seguinte à vitória de Jair Bolsonaro, um grupo de apoiadores do então candidato eleito promoveu um ato na Universidade de Brasília que gerou discussões conturbadas entre o grupo e a comunidade acadêmica. No dia posterior ao caso da UnB, um estudante do curso de direito da Universidade Mackenzie gerou revolta na instituição ao postar nas mídias sociais um vídeo no qual afirma estar saindo armado para a votação. Ele se dirige a um motociclista negro e diz: "essa negraiada vai morrer! Vai morrer!". Disponível em: https://exame. com/brasil/universidades-tem-semana-turbulenta-apos-eleicao-de-bolsonaro/.

[100]  Disponível em: https://www.correiobraziliense.com.br/app/noticia/eu-estudante/ensino_ensinosuperior/2020/03/13/interna-ensinosuperior-2019,834162/academicos-brasileiros-se-exilam-por-ameacas-de-morte.shtml.

[101]  Disponível em: https://revistaforum.com.br/politica/apos-sofrer-ameacas-de-morte-marcia-tiburi-deixa-o-brasil/.

[102]  Em 2019 o Brasil se tornou um dos destaques em pedidos de auxílio à organização Scholars at Risk, que, desde 2017, registrou 41 solicitações de ajuda vindas do país, algo inédito até então. Disponível em: https:// www.bbc.com/portuguese/geral-50695248. Ainda que qualquer grupo ou pessoa possa ser considerado um inimigo à agenda autoritária, a recorrência de ofensas misóginas têm evidenciado que o ataques às mulheres pode ser mais intenso e desproporcional.

# 4

# UNIVERSIDADES, DEMOCRACIA E O DIREITO DE APARECER: A ESFERA PÚBLICA EM DISPUTA

## A EDUCAÇÃO AUTORITÁRIA — A FORMAÇÃO DOS NOVOS GOVERNANTES DA TERRA

A elaboração de uma linguagem contemporânea que pudesse oferecer inteligibilidade às narrativas autoritárias foi um projeto muito caro ao movimento reacionário-conservador, e ele não poderia ter tido tal alcance popular sem a eficácia dos algoritmos nas mídias digitais. Entretanto vídeos, áudios e postagens de texto não são os únicos mecanismos de divulgação e consolidação dessa linguagem. Há todo um mercado editorial e educacional que estabelece uma rede de promoção do fanatismo. Essa tem sido uma marca do Tradicionalismo corrente, agir para arrebanhar, educar e preparar o "homem de bem" para um porvir que, segundo o movimento, será transformador em todos os sentidos da vida no planeta. E na preparação para esse tempo, até que ele chegue, é preciso garantir que os novos governantes da Terra se tornem intelectuais e *"guerreiros"* dignos da grandeza desse projeto.

A virilidade do "homem de bem" deve ser direcionada para uma intelectualidade condizente com a sua tarefa no mundo. Sua moralidade está acima de qualquer cientificismo, mas isso não significa que hábitos de leitura, escrita e o debate de ideias devam estar descartados das estratégias de combate ao mal. Assim, sua percepção de si mesmo é a do santo intelectual, debruçado sobre as escrituras sagradas, um conhecedor das verdades divinas — um modelo de intelectualidade que tem como referência a Idade Média (BURKE, 2003). Contudo o santo moderno ainda deveria ser viril o suficiente para fazer de suas competências intelectuais uma lança mortal contra os sistemas educacionais do *establishment*. Como nos exemplos de virilidade autoritária do fascismo e do nazismo, a educação ideal do homem de bem é aquela que se baseia em propostas pedagógicas simplificadas. Tal pedagogia deve priorizar o "espírito sadio" e o "corpo são" que não necessita de complexidades intelectuais seculares, mas de um corpo forte que possa sustentar a firmeza da alma.[103] A intelectualidade do homem de bem só terá serventia no contexto da guerra cultural, pois "a pena e o livro não são refúgios ou deleites, mas armas." (CHAPOUTOT, 2013, p. 352).

Entretanto os cidadãos comuns, aqueles que podem incorporar o homem de bem e sua intelectualidade viril, não estão todos igualmente preparados para interpretar as estratégias de guerra. Quando o fim dos tempos der seus sinais de modo mais concreto, às vésperas do *grand finale*, percebê-los é uma tarefa apenas dos mestres e de seus discípulos mais próximos, e não dos iniciantes. Desse modo, *Kali-Yuga* — o quarto e último terrível ciclo do tempo que antecede a renovação do mundo — deve ser apresentado aos homens de bem massificados e conhecedores superficiais da "verdade" a partir de outros parâmetros, por meio de mitologias sincréticas, maleáveis, simples e atraentes.

Aos iniciantes os sinais mais perceptíveis da chegada do "final dos tempos" seriam os elementos visíveis do comunismo que se manifestam cotidianamente em nossa sociedade moderna. Mas, ao que parece, esses elementos nunca foram tão óbvios; afinal, se eles o fossem, por que seria necessário instituir uma educação paralela, via mídias digitais, recusando as informações que vêm da imprensa e de pesquisas acadêmicas? Assim, algumas expressões conhecidas do debate democrático necessitariam ser reaprendidas em seu significado supostamente corrigido; seria preciso treinar os olhos e os ouvidos dos iniciantes na guerra, a fim de que os perigos comunistas se revelem por de trás de suas máscaras. Um *influencer* ensina como identificar comunistas à sua volta:

> [INFLUENCER-MF] Pega as **pautas comunistas** e faça a pergunta para o sujeito. Pergunta para ele se ele acredita em **agrotóxico** [...]; você acha que agrotóxico existe? [...] existe **aquecimento global, mudanças climáticas**? Existe? Existe **racismo**? Existe **fogo na Amazônia**? **Aborto**. Aborto tem que ser discutido, né? [...] Tem que respeitar os dois lados, né?

Entre os que ensinam e os que aprendem, duas castas fornecem identidade ao combatente da guerra cultural para reorganizar a sociedade na preparação do "final dos tempos" — a casta guerreira e a casta intelectual. Na lógica tradicionalista perenialista, a mesma que orienta os ideólogos mais conhecidos da extrema-direita no mundo contemporâneo, a sociedade sempre esteve dividida em castas. Em sua crença da verdade perene,

---

[103] Essas são premissas descritas por Adolf Hitler em sua obra Mein Kampf (CHAPOUTOT, 2013).

seres humanos são constituídos por mentalidades que se dividem entre guerreiros, intelectuais, comerciantes e trabalhadores. Sendo as duas primeiras mentalidades, ou castas, as únicas adequadas para governar a Terra, porque seriam as salvadoras da ordem e da harmonia humana, as únicas com capacidade moral de governar o mundo de forma supostamente justa.

Nessa lógica, a imoralidade do mundo, enquanto uma realidade profética, está representada na evidente inversão das castas, em que as mentalidades comerciante e trabalhadora[104] podem agora ser também governantes, incluindo-se mulheres, homossexuais, transexuais, pessoas negras, pessoas não brancas, pessoas não cristãs. Por esse prisma do pensamento tradicionalista, a classificação moral dos grupos sociais não consiste em uma discriminação deliberada sobre as pessoas, mas se assenta no princípio de que há uma verdade perene que organiza o mundo, e quando essa verdade está em desequilíbrio a degradação moral generalizada é um de seus efeitos. O desequilíbrio entres as castas seria um dos sinais de que a profecia hinduísta acerca de *Kali-Yuga* está acontecendo, e cabe às castas superiores prepararem as massas para esta transição.

Um dos pensadores mais importantes do Tradicionalismo — um dos pilares do movimento tradicionalista AltRight — o francês René Guénon descreveu em sua obra *La Crise du Monde Moderne* todo um conjunto de sinais que definiriam o período mais sombrio do final do mundo. Para ele, a modernidade experimentada durante seu tempo de vida, entre a Europa e o Egito (1886-1951), foram anos indubitavelmente terríveis que evidenciavam as inversões de valores da sociedade, sua degeneração moral e a inversão do poder entre as castas. Como um crítico do Ocidente moderno, corrupto e separado da verdade divina universal, Guénon achava que a falta de hierarquias plenamente definidas era uma ideia, no mínimo, terrível, o que o autor nomeava como a "dispersão" das "multiplicidades". É interessante notar que em seu livro, publicado em 1946, a maior reclamação de Guénon quanto aos alemães não era o nazismo ou os efeitos da Segunda Guerra, mas que estes teriam se apropriado equivocadamente da pureza da cultura oriental. Em toda a sua obra, o autor se dedica a explicar que o mal de seu tempo, a

---

[104] A divisão da sociedade em castas, com referência no hinduísmo, é uma analogia utilizada pelos perenialistas para classificar a sociedade em grupos que deveriam ocupar posições de poder fixas, em que um grupo teria mais capacidade moral de comandar outro grupo. As castas comerciantes e trabalhadoras são atualmente alegorias que se contrapõem às duas outras castas, a guerreira e a intelectual, e tal divisão não tem correspondência concreta com as classes sociais, elas estão sujeitas a uma interpretação própria e adaptável dentro da agenda política do Tradicionalismo, buscando indicar apenas que existe uma distinção moral entre pessoas e que as castas compreendidas como superiores representariam o pensamento tradicionalista, sendo elas as únicas aptas para ocupar posições de poder.

modernidade, era sua cultura depravada do "igualitarismo". Em sua concepção, a cultura moderna do "igualitarismo" não reconhece que as pessoas são diferentes; e que, como diferentes, seria um delírio não reconhecer a existência de uma hierarquia natural no mundo, e que essa hierarquia não deveria ser questionada, caso contrário o caos social se estabeleceria. Para ele a democracia é a geradora do caos social, e, desse modo, seria preciso criar uma elite intelectual "pura", qualificada para reestabelecer a ordem no mundo. Como afirma o autor,

> A elite, por definição, pode ser apenas uma minoria, e seu poder, ou melhor, sua autoridade, decorrente de sua superioridade intelectual, nada tem em comum com a força numérica em que se baseia a democracia, força cuja tendência inerente é o sacrificar a minoria à maioria e, portanto, a qualidade à quantidade, e a elite às massas. Assim, a função de orientação exercida por uma verdadeira elite, e sua própria existência, uma vez que necessariamente desempenha esse papel se é que existe, é totalmente incompatível com a democracia, que está intimamente ligada à concepção igualitária e, portanto, à negação de toda a hierarquia; o próprio fundamento da ideia democrática é a suposição de que um indivíduo é tão bom quanto outro, simplesmente porque eles são iguais numericamente e apesar do fato de que nunca podem ser iguais de outra forma. Uma verdadeira elite, como já dissemos, só pode ser a intelectual; e é por isso que a democracia só pode surgir onde a intelectualidade pura não existe mais, como é o caso no mundo moderno. (GUÉNON, 2001, P. 78).[105]

Com base em obras como a de Guénon em suas premissas mais fundamentais, não interessa ao Tradicionalismo internacional qualquer noção de ampliação da ideia de povo e de igualdade de direitos, e sequer de democracia. Desse modo, a defesa de premissas democráticas é um problema para essa teoria. Quanto mais aberta for a noção de povo e de direitos humanos, menos viabilidade existe para o Tradicionalismo como

---

[105] Tradução livre. Trecho no original: "The elite can by definition only be the few, and their power, or rather their authority, deriving as it does from their intellectual superiority, has nothing in common with the numerical strength on which democracy is based, a strength whose inherent tendency is to sacrifice the minority to the majority, and therefore quality to quantity, and the elite to the masses. Thus the guiding function exercised by a true elite, and its very existence since of necessity it plays this role if it exists at all is utterly incompatible with democracy, which is closely bound up with the egalitarian conception, and therefore with the negation of all hierarchy; the very foundation of the democratic idea is the supposition that one individual is as good as another, simply because they are equal numerically and in spite of the fact that they can never be equal in any other way. A true elite, as we have already said, can only be an intellectual one; and that is why democracy can arise only where pure intellectuality no longer exists, as is the case in the modern world." (GUÉNON, p. 78, 2001).

uma política orientadora das dinâmicas de poder. E quando as sociedades chamadas democráticas impõem certos limites institucionais para que projetos autoritários não colapsem as bases da democracia, o Tradicionalismo sabe que suas chances de avanço político se encontram nas bordas — no "homem de bem" comum, não iniciado; no ressentimento das massas ansiosas por lugar no mundo, desejantes de um território político demarcado, ondes elas possam ser chamadas de guerreiros e intelectuais *"puros"*; nos homens superiores que reconhecem sua missão na defesa dos princípios do bem contra o mal, na batalha contra as *trevas comunistas*. O "homem de bem" mediano, com pouca esperança neste mundo, torna-se então um cavaleiro *neocruzadista* dos últimos dias de *Kali-Yuga*.

Perspectivas teóricas que defendem uma proposição democrática representam de qualquer ponto de vista uma ameaça aos pressupostos tradicionalistas. E ainda mais se a democracia pretender significar a ampliação da legitimidade das experiências historicamente marginalizadas. Se populações precarizadas podem reivindicar o direito de serem reconhecidas na esfera pública, isso significa que ela também é um lugar de reconhecimento da precariedade; a esfera pública é o lugar da aparência de uma condição que, segundo Arendt, nos é comum e inerente (ARENDT, 2007). Nesse sentido, se a vulnerabilidade humana é uma condição e não é uma questão de escolha, isso significa que ela não pode ser evitada nem pela lógica da meritocracia neoliberal, nem pela meritocracia da relação de barganha com o divino. A precariedade humana, enquanto vulnerabilidade inerente, é uma condição compartilhada, uma condição que nos informa de uma vida humana comum.

No entanto o que Judith Butler ressalta é que a vulnerabilidade comum também está submetida a um jogo de produção social de vulnerabilidade em que a experiência da precariedade não é a mesma para todos os sujeitos (BUTLER, 2015). As relações assimétricas de poder definem como a precariedade é vivenciada, e algumas populações são mais vulneráveis que outras. Tal condição é socialmente produzida e não um dado natural relativo à capacidade individual dos sujeitos, ou um castigo divino. A precariedade socialmente produzida se torna exposta e visível quando as populações que foram submetidas à produção da violência contra elas passam a reivindicar o espaço da aparência como espaço de manifestação de sua precariedade socialmente induzida. É a exposição desses corpos plurais, em aliança e ocupando a esfera pública, que reivindica a precariedade como um tema do debate público, exigindo o direito de ser reconhecível na sociedade. Para as populações precárias, o ato de resistir exige inevitavelmente a exposição de suas experiências de abandono. Assim, resistir ganha significado na esfera pública quando essa exposição da pluralidade dos corpos, de forma ativa e deliberada, torna-se o critério de sua resistência política (BUTLER, 2015).

Se os tradicionalistas buscam formar uma casta com "pureza" intelectual, plenamente de acordo com o ideário autoritário e hierárquico, como suportariam a ideia de que epistemologias que têm como centro as experiências da precariedade tenham um espaço na academia, ao passo que seu ideal de "pureza" intelectual não o teria? É preciso compreender que o ressentimento autoritário é real e encontrou sua via de acesso em governos de regime democrático. Se esse era um movimento incipiente, habitante dos porões da política religiosa, agora ele mobiliza governos e governados, capilarizando seus campos de atuação. E, desse modo, não será difícil encontrar adeptos dessas teorias que acreditem realmente que a democracia é um mal social; que se tornem porta-vozes contra a universidade pública e gratuita, em nome de uma suposta verdade universal e perene que traga uma elite "pura" ao poder. É o que o escritor Olavo de Carvalho, em vida, buscou promover em seus livros, cursos, postagens e entrevistas. E, em 2019, ele passou a oferecer seus cursos on-line a policiais militares no Brasil de forma totalmente gratuita[106]. Em mensagens nas mídias digitais, ele expressou as seguintes opiniões:

> Formar uma **nova e poderosa classe intelectual** é a ÚNICA ESPERANÇA [grifo do autor] de **salvar o Brasil**. O ÚNICO [grifo do autor] esforço sério nessa direção é o meu, mas todos os dias me arrependo de haver começado tão tarde.
> Só a direita mais imatura e boboca do mundo pode ter tido a ideia magnífica de conquistar a Presidência da república antes de haver **dominado** nem mesmo um pedacinho das **universidades, da mídia e dos sindicatos. Todos os atuais problemas vêm daí**, e nem isso a tal direita percebe.

---

[106] Disponível em: https://noticias.uol.com.br/politica/ultimas-noticias/2019/07/21/carlos-bolsonaro-exalta-ideia-de-olavo-de-carvalho-de-curso-gratis-para-pms.htm.
Um dos desejos políticos do escritor consistiu em reconfigurar a função dos militares brasileiros. Em várias de suas declarações, ele insistia que a ditadura militar foi muito leniente com a esquerda política. Desse modo, para ele, um governo genuinamente à direita seria aquele capaz de suprimir completamente a esquerda. Em 2013, em um de seus vídeos, ele fez a seguinte afirmação: "Eu não sei quando vai haver um governo de direita na América Latina. Talvez daqui 50 anos, 60 anos. Mas quando houver — seja eleito por meios democráticos, seja por golpe militar, ou por revolução...por qualquer outro modo — a sua obrigação número um, seus idiotas... estou falando isso inclusive para aqueles militares brasileiros que hoje estão sendo...porque estão sendo perseguidos até agora, e quando estiverem no poder não fizeram isso; a sua obrigação número um é educar o povo contra o comunismo, explicar o que que foi o comunismo, explicar o que que é essa gente e criar a maior rejeição contra eles. Uma rejeição tão intensa quanto se tem contra o nazismo".

UNIVERSIDADES SOB A MIRA DO ÓDIO

E embora as massas não possam compreender todos os contornos desse projeto, o autoritarismo não necessita de uma linguagem complexa para acionar outros ressentimentos e ansiedades sociais compostas por lacunas históricas como a cidadania não efetiva; o limitado acesso à educação pública de qualidade; a vulnerabilidade de parcelas da sociedade desassistidas; o Estado que prioriza as leis neoliberais do mercado financeiro em detrimento do cuidado da população. Por essa razão, uma linguagem que possa dar coerência às emoções — dar sentido às sensações de ressentimento, desejos de discriminação e de rejeição pelo outro — pode ser extremamente potente, sem qualquer necessidade de explicações complexas sobre os princípios teológicos do fim do mundo, já que a angústia de que se vive o colapso é um elemento tácito fundante das massas. A certeza de uma realidade coerente, imutável e completamente livre de complexidades é o que garante à massa a impressão de que seria possível barrar o desmoronamento de tudo, e nisso reside a sua vitória sobre o mundo. Como pontuam influencers,

> [INFLUENCER-AC] **Nem todos querem ter acesso** [ao ensino superior], é fundamental entender isso. Vocês devem ter um primo, um tio, que se vê um livro ele corre e desmaia. Tem algum problema? Ele não quer. Então foi isso que o ministro Velez disse.
>
> [...] Para essas pessoas que vivem suas vidas comuns, tranquilamente — acorda de manhã, faz o café, veste as crianças, leva para a escola, trabalha, produz, gera...aumenta o PIB do estado, depois vai para a casa, paga seus impostos, assiste tv, dorme, vai na missa — **essas pessoas não têm tempo para saber o que é superestrutura do patriarcado milenar não sei o que lá da Judith Butler.** Então é uma dificuldade para o movimento feminista conseguir plantar essa ideia no coração da tia, da nossa vó, até do nosso coração. Porque nós, conservadores – nós podemos falar isso porque estamos dentro de um instituto conservador. **Nós temos uma coisa a nosso favor que é a realidade.**
>
> [INFLUENCER-FB] Cada frase, cada palavra que o senhor [Olavo de Carvalho] acaba dizendo para nós, **abre um universo**, né? E **nos liberta**, porque essa coisa do **politicamente correto**, essa sociedade totalmente, né, que tudo é bonitinho, que nada pode... **está oprimindo cada vez mais**, e a gente tá vendo uma geração — as mais novas; uma geração **doente**. Então, **a gente só vai conseguir mudar isso se a gente conseguir mostrar realmente coisas simples**, porque

Deus é simples, **a verdade é simples**, né? **Não é nada tão rebuscado e tão complicado.**

A sensação de acossamento que esses grupos autoritários experimentam está em parte pautada no interdito imposto pelas relações sociais de bases democráticas — o *"politicamente correto"*. A possibilidade do avanço de um pacto social democrático, que se abra cada vez mais à inclusão de sujeitos precarizados, inevitavelmente causará a constrição de pautas que estejam em dissonância com a garantia de sua efetivação. Desse modo, uma noção de ampliação democrática também impõe limites e define espaços da atuação política, interferindo diretamente na linguagem, como ela pode ou não pode ser utilizada, a fim de estabelecer sua própria viabilidade no jogo democrático.

Enquanto os movimentos sociais reivindicam o alargamento democrático, ou seja, direitos ao reconhecimento de vidas subalternizadas como vidas válidas, as premissas da individualidade meritocrática neoliberal e da superioridade moral de grupos autoritários não podem abrir mão da diferenciação valorativa de sujeitos por meio do ranqueamento de seu valor, de modo que um grupo se torna politicamente mais válido do que outro. Desse modo, uma certa pedagogia niilista pode oferecer a esses grupos a ideia de que é possível experimentar uma *"realidade"* que *"liberta"* os sujeitos de um compromisso em conhecer relações de poder complexas. O niilismo se torna o elixir milagroso que atenua o fardo da consciência.

## NEOLIBERALISMO E A PEDAGOGIA NIILISTA: A DESSUBLIMAÇÃO REPRESSIVA INSTRUMENTALIZADA

A crise democrática atual não se dá apenas pelo avanço de grupos outrora esquecidos na história do autoritarismo e que agora ressurgem como uma força política governamental. As premissas do neoliberalismo também são um ponto de apoio definitivo para que esses grupos promovam a ruptura democrática. Como afirmam Pierre Dardot e Christian Laval, as sociedades, ainda que se digam democráticas, não conseguiram consolidar a ideia de que a manutenção da vida no planeta depende de uma noção de destino comum. Para os autores, o que vivemos enquanto crise, gerada pelas políticas neoliberais, diz respeito a uma "tragédia do não comum" (DARDOT; LAVAL, 2017).

E, talvez, considerando a tragédia como sua grande oportunidade, os grupos autoritários tenham encontrado seu meio de instrumentalizar o fanatismo, definindo uma via em que seria possível agir politicamente a partir de sua própria versão das leis de Deus, sem que seja necessário transgredir as leis do mercado. Em um planeta tão complexificado e, supostamente, tão decadente pela falta de limites morais, seria uma possibilidade adotar soluções salvacionistas inspiradas na "política de cercamentos" do neoliberalismo (DARDOT; LAVAL, 2017). Nessa perspectiva, tornaria-se possível colonizar discursivamente os limites da Terra — o terraplanismo; os limites da raça — o neo-ocidentalismo; e os limites da identidade sexual — a "ideologia de gênero". Cercando e privatizando cada aspecto daquilo que pode constituir o conjunto referencial do senso comum, recorre-se à mesma estética do cercamento biopolítico, em que cada aspecto da vida ganha sentido no interior da racionalidade neoliberal (FOUCAULT, 2008).

Isso não significa afirmar que o fanatismo tradicionalista e o neoliberalismo estejam em total acordo e que formem algo como uma parceria harmônica rumo a um projeto autoritário global. Há incongruências entre as duas racionalidades[107]. Como o mercado financeiro reagiria caso soubesse que o mundo pode acabar amanhã porque o pêndulo da história vai retroceder até o ponto anterior do Pecado Original? Essa é uma premissa completamente absurda para o neoliberalismo, que se constituiu justamente a partir do governamento das condições de vida e de morte dos sujeitos em uma racionalidade tipicamente moderna, e não contra a modernidade. Entretanto, quando se trata do seu projeto político, o fanatismo encontrou suas vias de ascensão porque ele já emerge dentro da lógica neoliberal, e, como discutido anteriormente, o fanatismo contemporâneo também é um efeito da modernidade.

O que as duas lógicas têm em comum é o fato de que para elas a democracia não tem valor. Como evidencia Wendy Brown (2006), as racio-

---

[107] Em *American Nightmare: Neoliberalism, Neoconservatism, and De-Democratization*, artigo de 2006, Wendy Brown considera que o neoconservadorismo é uma racionalidade política que governa um regime de verdade, governa o dizível e o inteligível, isto é, define os critérios de verdade sobre o dizível e o inteligível. Nessa perspectiva, a ideologia tradicionalista mais fanatizada aspira ser uma racionalidade política.

nalidades neoliberal e neoconservadora[108] convergem a partir do compartilhamento de dois princípios políticos fundamentais: o primeiro deles é a desvalorização de premissas democráticas como liberdade, igualdade e cidadania — adotando o mercado como critério definitivo que rege as leis que garantem a funcionalidade do Estado e seu governamento; o segundo princípio é o da valorização do poder estatal para fins morais. De acordo com Brown, os efeitos desses princípios na política são o enfraquecimento da cultura e das instituições da democracia constitucional. Eles sequestram o significado de democracia "para sancionar divisões de classe" de forma "extrema e permanente." (BROWN, 2006, p. 691). Segundo a autora,

> [...] considerando-os agora como a sementeira da nova forma política que estou sugerindo que é produzida na intersecção das racionalidades neoliberal e neoconservadora: (1) a desvalorização da autonomia política, (2) **a transformação de problemas políticos em problemas individuais com soluções de mercado,** (3) a produção do consumidor-cidadão disponível a um alto grau de governança e autoridade, e (4) a legitimação do estatismo. (BROWN, 2006, p. 703, grifo meu)[109].

Em contrapartida, a principal diferença entre as duas racionalidades é que o neoliberalismo é amoral, não se pauta por valores religiosos ou mesmo seculares. Seu interesse está no investimento e na exploração dos desejos dos sujeitos. Em direção contrária a isso, o neoconservadorismo se dedica à regulação moral, buscando imputar significado, normatização e repressão dos desejos. Brown assinala que quando setores políticos da sociedade estão sujeitos aos efeitos de propagandas da mídia ligadas ao consumo, acionando os desejos dos sujeitos, essas duas racionalidades tendem a colidir. Outro

---

[108] O que tem sido denominado em trabalhos acadêmicos como conservadorismo e neoconservadorismo também tem buscado retratar as alas mais fanatizadas e ideológicas do movimento. No entanto, optei por utilizar termos como movimento reacionário-conservador, Tradicionalismo, fanatismo — e não neoconservadorismo. Embora o termo neoconservadorismo abarque o fanatismo religioso, para algumas análises o termo pode se configurar como uma definição muito aberta, sendo insuficiente para dar conta de aspectos específicos do movimento, como é o caso das narrativas autoritárias que buscam formar uma intelectualidade em oposição aos grupos acadêmicos que compõem as universidades públicas brasileiras. Ademais, seria interessante realizar um aprofundamento acerca do termo para compreender se o neoconservadorismo no Brasil significaria exatamente o mesmo que o neoconservadorismo nos Estados Unidos, uma vez que as bases cristãs nos dois países surgem historicamente de denominações diferentes, católica e protestante. De qualquer maneira, a versão mais fanatizada e intelectualizada do movimento, o Tradicionalismo, surge a partir de grupos católicos em ambos os países (TEITELBAUM, 2020).

[109] Livre tradução do trecho no original: "[...] considering them now as the seedbed of the new political form that I'm suggesting is produced at the intersection of neoliberal and neoconservative rationalities: (1) the devaluation of political autonomy, (2) the transformation of political problems into individual problems with market solutions, (3) the production of the consumer-citizen as available to a heavy degree of governance and authority, and (4) the legitimation of statism." (BROWN, 2006, p. 703).

UNIVERSIDADES SOB A MIRA DO ÓDIO

aspecto de pouca concordância entre elas são as relações diplomáticas que envolvem outros países. Pontos de vista cultural e comercial divergentes podem causar incômodo a um dos grupos — já que uma das marcas da racionalidade neoliberal é justamente apostar no apagamento de fronteiras culturais e geográficas que possam impedir a lógica do lucro.

Nos demais aspectos, neoliberalismo e fanatismo religioso concordam com as práticas de desmantelamento das reivindicações democráticas. Segundo Brown, o Estado deve ser a "bússola moral", sendo que o mercado não interferiria nesses assuntos. Desse modo, as duas racionalidades fortalecem uma à outra. O fundamentalismo cristão pode então regular a linguagem do debate público, sendo essa linguagem um dos elementos que compõem a "força de desdemocratização" que favorece essas duas racionalidades (BROWN, 2006). Ambas não requerem a liberdade, nem a igualdade, nem a cidadania; para o neoliberalismo, simplesmente porque tais premissas só fazem sentido dentro da lógica do consumo; e para o fanatismo, esses princípios atrapalham seus planos de controle moral da sociedade. O que ambas as racionalidades buscam é desenvolver um Estado forte e controlável, ao mesmo tempo que ele também é o controlador da moralidade social. Para Brown, o neoliberalismo pavimenta a via para a racionalidade política do neoconservadorismo — seu moralismo, seu estatismo e autoritarismo (BROWN, 2006, p. 702).

A partir das perspectivas apresentadas por Brown, princípios antidemocráticos são o ponto pacífico entre fanatismo e neoliberalismo. Mesmo que em alguns momentos haja divergências entre as duas racionalidades, o fanatismo se torna ainda mais coerente para os seus adeptos na defesa do sistema neoliberal. Não há um choque de contraposições, e sim um fortalecimento identitário, de modo que ser um "homem de bem", tradicionalista católico ou evangélico neopentecostal, defensor da família, significa também ser um defensor do mercado financeiro e de um Estado neoliberal. Significa defender direitos de forma individualista, a despeito do fato de que a vida é uma experiência de coexistência, de sorte que as pautas sociais comuns não podem ser abandonadas pelo Estado, nem pode o Estado servir unicamente às pautas sociais de um grupo exclusivo, desprezando os demais. Entretanto é exatamente a privatização da noção de coisa pública, acompanhada da estatização dos interesses privados, que tem orientado o entendimento de democracia, liberdade e cidadania para os grupos autoritários. Como é possível verificar nas narrativas a seguir:

[INFLUENCER-DEB] **O papel do Estado é não interferir nas relações privadas,** interferir o mínimo possível na vida das pessoas, pra que elas, **de maneira individual, consigam** ter uma vida próspera. **Esse é que o objetivo do Estado.** O objetivo do Estado não é deixar todo mundo igual. Igual Cuba, né? O objetivo do Estado é fazer... deixar condições para que a sociedade seja próspera através do seu trabalho.

[INFLUENCER-MF] Quem governa o Brasil é que vai **definir qual é o modo de vida que vai prevalecer na nação.** [...] A única maneira para fazer o que o povo quer — não é o que 'eu' quero — seria uma **intervenção militar** com Bolsonaro no poder. Porque os militares entram, mantém o presidente que foi eleito, que o povo escolheu — **isso é democracia.** E o povo **utilizar as forças armadas** para fazer **o que o povo quer,** escrever uma nova constituição, **é mais democracia ainda.**

Seria pertinente analisarmos como certos aspectos da democracia brasileira no contexto de se criar o comum — a coisa pública, o povo e os objetivos da nação — se choca com o fato de que o fim da ditadura militar não se tornou tema de debate comum. Essa desobrigação em relação ao comum é característica das bases de apoio mais fiéis do movimento autoritário no Brasil hoje. É preciso questionar o fato de que as igrejas podem buscar o lucro irrestritamente e perseguir politicamente em sua comunidade determinadas parcelas da população, ao mesmo tempo que também é preciso nos questionarmos sobre o fato de que a formação militar continua a fazer de seus soldados um conjunto à parte de cidadãos. Tanto igrejas quanto as forças armadas e as polícias parecem constituir-se como instâncias sociais à parte, avessas ao ideário do comum, avessas, portanto, ao ideário democrático.

Há setores da sociedade que há muito tempo têm vivido suas próprias regras a despeito da noção de que a vida em uma sociedade supostamente democrática exigiria um compromisso comum. Salvaguardados pelo Estado e pela lógica neoliberal, alguns setores formaram sua própria noção de país, de povo, de democracia, de debate público e de ciência. Desse modo, tornar o interesse individual em símbolo da coisa pública pode soar a eles como um direito do *"povo"*. Talvez seja possível afirmar que o Estado brasileiro sempre teve Estados paralelos, e agora, diante de uma crise democrática, e fortalecidos pela perspectiva do direito individual neoliberal, eles reivindicam seu lugar ao centro, tornando o Estado Democrático de Direito discurso paralelo.

Para Wendy Brown, o neoconservadorismo introjeta seus interesses na racionalidade neoliberal, formando com ela uma aliança "profana" — uma aliança dessacralizada e destituída de valores —, sendo que a religião é seu ponto de apoio e de apelo popular para construir uma via de recepção ao seu autoritarismo. Assim, o Estado neoliberal e o neoconservadorismo formam uma aliança de desdemocratização em que não há valores morais que busquem conter os ideais autoritários. E se compreendermos a universidade pública como um campo de compartilhamento de valores comuns, e se por meio dessas instituições as práticas democráticas podem ser fortalecidas, tal significado social não é relevante nem para o neoliberalismo, nem para o fanatismo conservador.

O neoliberalismo, ao delinear arbitrariamente a mercantilização da educação, sobretudo no ensino superior, busca subtrair o valor social do ensino superior em detrimento de uma lógica de mercado. Na visão de Brown, o entendimento que o neoliberalismo elabora sobre as universidades constituiu-se em um posicionamento hegemônico que direciona políticas públicas e a opinião pública, deslegitimando gradativamente o ensino superior, principalmente os estudos das humanidades, contribuindo para uma desvalorização generalizada do conhecimento (BROWN, 2015). A lógica de mercado, com suas expectativas de investimento e retorno financeiro das instituições universitárias, estabelece uma dimensão utilitária para o papel social das universidades. E, não por acaso, o fanatismo vê as universidades do mesmo modo — no escopo da utilidade das instituições para seu projeto político.

O potencial político que as universidades públicas representam como esfera pública que imprime valor democratizante na sociedade se torna um problema para noção utilitária. Ainda mais quando se trata das humanidades. Historicamente, o campo de estudos das humanidades tem exigido, desde o movimento de contracultura dos anos 1960, que a academia seja um espaço comum democrático (LAVAL, 2004). Se no passado uma ideia de castas podia reclamar a universidade como o seu espaço privado de erudição, hoje a ideia de expansão e de democratização do ensino superior só pode confrontar essa concepção de ensino superior. Ora, justamente as pesquisas das humanidades é que vão se propor a apreender a realidade da vida em sociedade. São elas que se dedicam à compreensão das dinâmicas sociais em torno do analfabetismo funcional, os problemas da evasão escolar, as violências contra as identidades sexuais marginais, o racismo, as desigualdades entre quem tem mais acesso e quem tem menos acesso à cidadania. São as humanidades que informam criticamente o conhecimento e a tradição da sociedade. As humanidades informam o exercício do pensamento, oferecendo grades de inteligibilidade que, preferencialmente, são plurais e não arbitrárias. E é a partir de uma realidade expandida do mundo que o pensamento pode ser mais bem informado. Quanto mais abertura tiverem as universidades para que todas as pessoas possam compô-la, mais amplas serão as possibilidades de alcançar informações concretas para o agenciamento da vida.

E é justamente nesse ponto que o fanatismo se propõe como via alternativa para redefinir os conteúdos das humanidades, uma vez que o movimento reacionário-conservador encontra dificuldades em emplacar suas ideias no interior das instituições públicas, principalmente no campo das humanidades. Com isso, seus *influencers* passam a elaborar narrativas de cunho educacional que pretendem se apresentar às massas como uma versão alternativa à formação universitária, dando especial atenção aos objetos de estudos do campo das humanidades. A História, a Geografia a Filosofia, a Literatura, a Língua Portuguesa e a Sociologia devem passar pelo filtro interpretativo "purificador" do movimento. Para as massas — o "homem de bem" das camadas populares —, as formações on-line promovidas por *influencers* do movimento reacionário-conservador se tornam sua via de ascensão intelectual no projeto autoritário. Nesses cursos, o "homem de bem" aprende que as premissas democráticas não têm qualquer valor social e que seu desprendimento é a "liberdade".

A partir do niilismo neoliberal, os neoconservadores cristãos se veem desobrigados de um compromisso com qualquer moralidade, até mesmo com os valores do cristianismo (BROWN, 2020). O mecanismo niilista neoliberal trivializa todos os valores socialmente compartilhados. A sublimação exige que haja um confronto da vontade contra si mesma. Essa é a base da moralidade judaico-cristã. A consciência é um mecanismo que coíbe e repreende a nós mesmos a partir de um referencial de valores introjetados. Mas, uma vez que os valores se tornam niilistas, há um alívio da coibição, uma dessublimação que "lança de volta para fora a vontade de potência, na medida em que liberta o sujeito da chibata e da coação da consciência." (BROWN, 2020, p. 201). Esse conceito de Hebert Marcuse — a "dessublimação repressiva" — ressalta que o neoliberalismo, ao incorporar o desejo de forma ampla em todos os aspectos da vida do sujeito, a partir de uma lógica do consumo e do mercado, oferece o alívio das sensações de censura pela ampliação e exploração do desejo, dando lugar a uma consciência menos reprimida e mais "feliz". O niilismo neoliberal *"liberta"* o homem de bem massificado. Como afirma Brown,

> Livre, estúpido, manipulável, consumido por estímulos e gratificações triviais — quando não é viciado neles —, o sujeito da dessublimação repressiva na sociedade capitalista avançada não é somente desatado [unbound] libidinalmente e desbloqueado [released] para gozar de mais prazer, mas desobrigado [released] de expectativas mais gerais da consciência social e da compreensão social. Tal descarga é amplificada pelo assalto social e pelo ataque ao conhecimento intelectual promovidos no neoliberalismo, assim como pela depressão de consciência fomentada pelo niilismo. (BROWN, 2020, p. 204).

Destinada ao homem de bem massificado iniciante — e não ao "santo" —, uma formação educacional niilista tem sido uma das estratégias mais consistentes do movimento reacionário-conservador. Na perspectiva da guerra cultural, a dessubiimação repressiva do niilismo neoliberal é uma proposta educativa filosoficamente e teologicamente justificada, legitimada pela autoridade de professores, filósofos e santos do movimento. Seus ensinamentos e instruções se tornam uma pedagogia niilista — uma condução da "criança" (iniciantes) para o descompromisso com o mundo, liberto para exercício da violência. Uma pedagogia que vai completamente na direção contrária à pedagogia defendida por Paulo Freire.

Ao sistematizar suas narrativas a partir de uma via que já estava posta pelo niilismo neoliberal, os intelectuais do movimento reacionário-conservador criaram um produto lucrativo que passou a ser comercializado em seus canais digitais como a "instrução verdadeira" ao "povo verdadeiro". Podemos afirmar que a dessublimação repressiva foi compreendida e integrada à agenda ideológica da extrema-direita no sentido de dar a ela um direcionamento epistemológico e torná-la em referencial pedagógico para o homem de bem. Ela se tornou um ensinamento acerca de um modo pensar e de agir sem um compromisso de responsabilidade pelo mundo, legitimando o pânico moral, o desprezo e a violência contra tudo o que possa confrontar a estabilidade do homem de bem.

Suas premissas educacionais são o descompromisso com a ideia de mundo compartilhado, plural e democrático; descompromisso também com a ideia de precariedade. E essa racionalidade de governamento busca se apresentar como o único compromisso genuíno com a educação brasileira, como resposta e denúncia das falhas educacionais brasileiras, supostamente causadas por Paulo freire e pelo comunismo. No entanto o compromisso da pedagogia niilista é com a própria falha educacional brasileira ao afirmar que seria preciso estabelecer um método de negação do interesse comum, uma epistemologia do ódio que ensina a massa a sentir que está alcançando sua liberdade ao recusar a democracia.

## UNIVERSIDADES PÚBLICAS E A DISCUSSÃO CRIADORA — É PRECISO RESISTIR À FARSA

> A educação é um ato de amor, por isso, um ato de coragem. Não pode temer o debate. A análise da realidade. Não pode fugir à discussão criadora, sob pena de ser uma farsa. (FREIRE, 1967, p. 97).

O curso do movimento intelectual reacionário que tomou forma nos dias atuais tenta reestabelecer a importância da transcendência para a educação e para a política. No entanto as sociedades democráticas modernas consolidaram discursivamente a necessidade de que haja na esfera pública uma divisão entre as práticas seculares e as religiosas. Uma vez que tal cisão moderna nunca foi uma referência para a lógica do fanatismo, para o movimento conservador-reacionário, tais divisões entre o secular e o religioso, ou mesmo entre o imanente e o transcendente, poderiam ser reatadas precisamente a partir da racionalidade neoliberal. Do ponto de vista da racionalidade neoliberal, essa junção discursiva do transcendente com a ação política secular faz completo sentido. O combate à secularização, como discutido anteriormente, sempre esteve presente na esfera privada dos grupos reacionários e conservadores, e essa reivindicação jamais foi ignorada no campo da política. Não foram raras as vezes em que assistimos a governantes formarem alianças com líderes religiosos, alianças que trouxeram efeitos nada laicos para as políticas públicas.

Se pensarmos que discursivamente o campo do embate político é hoje o democrático, aquele de bases democráticas, então uma noção de "tomada" desse campo é o mesmo que torná-lo privatizável. Compreender que o embate político pode e deve estar submetido a um interesse particular faz parte da lógica neoliberal, em que o público e tudo o que tem valor social pode ser submetido a uma ideia de lucro ou de vantagem pessoal. Desse modo, tomar para si as premissas democráticas e o campo do debate público, e, assim, ressignificá-los, está plenamente de acordo com a racionalidade neoliberal.

UNIVERSIDADES SOB A MIRA DO ÓDIO

Nessa perspectiva, torna-se possível para as alas religiosas conservadoras e reacionárias sustentar a narrativa de que esse é o real funcionamento do mundo, e o mundo seria mesmo uma questão cultural em guerra entre "proprietários" e "desapropriados", em que cada pedaço do mundo público é sitiável e a lógica que impera no real é a tomada do maior pedaço possível para si, e, assim, que vença o mais forte.

É uma racionalidade que por si mesma abstrai a possibilidade de pensar que o mundo é um campo de compartilhamento do bem comum, em que o nosso bem, o "apropriável" comum, não é privatizável. O comum do debate e do interesse públicos são campos em disputas que todos e todas nós já possuímos, porque de antemão já os possuímos como nossa condição humana de nascença — algo que na perspectiva de Hannah Arendt significa que a experiência do comum é algo que não depende de uma escolha (ARENDT, 2007). Mas ao homem de bem massificado, assujeitado à lógica neoliberal, tal condição de sua humanidade pode ser compreendida como um jogo cruel entre individualidades que podem e necessitam escolher com quem coexistir. Nessa perspectiva, apenas o transcendente poderia suplantar as *nuances* da precariedade sem entrar em choque com a racionalidade neoliberal — Deus está no controle de todas as coisas. Desse modo, a precariedade, socialmente produzida ou não, não faria parte do campo comum. Ela seria uma condição individual sujeita à vontade de Deus.

Desse modo, tomar para si a transformação moral do mundo em vista de um projeto privatizável e tutelado por Deus não poderia ser efetivado sem toda uma construção discursiva para os significados de democracia. Não se trata de bani-los ou cerceá-los, mas sim ressignificá-los para uma lógica neoliberal transcendente — não havendo problemas em definir a democracia sem a materialidade do *demos*. Nesse sentido, torna-se altamente coerente criar narrativas que assumem a defesa de uma democracia sem *demos* a partir de uma noção privatizada do mundo, na qual a produção da morte estaria de acordo com a lógica de que o mundo, no final das contas, nunca pertenceu a todas as pessoas, ele sempre teria pertencido aos mais capazes de possuí-lo — moralmente ou cognitivamente. E se a produção da precariedade e da morte são consequências dessa "verdade", cada um que se entenda com o seu deus, individualmente.

Do mesmo modo, a ciência também perde seu significado de bem comum nessa lógica neoliberal transcendental. Se entendermos por ciência democrática um conjunto de conhecimentos socialmente construído pelo *demos*, a partir de parâmetros mais ou menos acordados, então a produção científica é não apenas um bem comum imanente, como também um pacto pelo real do mundo. Nesse pacto, a verdade, a mentira, a crença e a dúvida são noções colocadas deliberadamente em conflito em nome desse bem comum que chamamos de conhecimento. A partir de uma concepção agonista de conhecimento, podemos reconhecer que as diferentes leituras de mundo coexistem em conflitos permanentes, sendo essa a sua condição de existência primeira, porque ela significa a possibilidade da criação do novo. Como Afirma Arendt em "Crise na Educação" (ARENDT, 1961), é o jogo entre o conservar o velho e permitir o pathos do novo que garante a prosperidade da continuidade da vida. Em termos de ciência e conhecimento socialmente produzidos, a possibilidade de "crer" no conhecimento produzido no passado ao mesmo tempo que podemos duvidar dele à luz de fatos novos é o que garante que possamos formar todo o conhecimento que nos permite contingencialmente agenciar nossa humanidade em diferentes períodos da história. Desse modo, podemos então criar mecanismos que diferenciam a mentira da verdade compartilhada.

Isso não significa afirmar que o que definimos como verdade seja um campo seguro. Como Foucault evidenciou em suas obras, nossas verdades modernas socialmente construídas estão assujeitadas aos jogos das relações de poder. A partir dos mecanismos de poder, certos elementos se tornam mais elegíveis na definição e legitimação da verdade. Desse modo, o conhecimento socialmente produzido passa por "filtros" ou matrizes de inteligibilidade e validação — os regimes de verdade (BUTLER, 1999). A ciência é um desses filtros, e ela contém algo de arbitrário nesse sentido. Entretanto, como pontua Foucault, nas dinâmicas de poder sempre há possibilidades de resistência, e são as resistências que possuem a potência de confrontar a estabilidade dos regimes de verdade.

Com isso, a ciência, mesmo que pertença ao campo da verdade legitimada pelos dispositivos de poder, sendo ela mesma um desses dispositivos, sempre estará em uma posição instável, correndo riscos constantes de ser "desmascarada" em sua pretensa formulação da verdade, toda vez que o *pathos do novo* (ARENDT, 1961) emergir e resistir à velhas formulações que se tornaram falsas. Mas desvelar a ciência como um dispositivo dos regimes de verdade, sem qualquer lastro definitivo de estabilidade, não é o mesmo que dizer que a ciência é um grande mecanismo de produção de mentiras, ou seja, uma farsa. A ciência não é uma farsa simplesmente porque não há qualquer outra grande verdade que poderá se apresentar diante dela como plenamente estável para confrontá-la e se colocar acima dela. Nossas possibilidades de verdade compartilhada do mundo só podem existir em relação de disputa; do contrário, institui-se o absoluto da farsa.

Somente a farsa pode ter a pretensão da supremacia, chamando-se a si mesma como a "grande verdade". A farsa aniquila qualquer possibilidade de dúvida sobre a verdade que ela proclama. Ela não permite nem mesmo a possibilidade de crença, se compreendermos que a crença sempre está em relação dual com a dúvida — é preciso conhecer minha dúvida para conhecer minha crença. A farsa não pode ser verificada, não pode ser testada ou debatida entre pares que adquiram interesse em questionar suas inconsistências. Suas inconsistências não existem. A farsa é a tirania e não pode ser conhecida. Ela só pode ser temida. Ela é uma verdade tão verdadeira que nada lhe escapa. Todos os contornos da sua manifestação estão previamente definidos por ela mesma, ela não é contingente. E se qualquer pessoa que devote sua vida a ela decidir ousar questioná-la, então essa pessoa perderá automaticamente o mundo, nada mais fará sentido. Desse modo, a farsa é a sustentação do fanatismo. O líder fanático deve ser a expressão desse temor de perda do mundo, pois sem o temor o mundo perde a sua suposta coerência, perde a "verdade" acerca do perigo à espreita, que dá sentido ao medo e mantém tudo em sua devida ordem. Por isso, cada encenação do líder, seu riso ou seu berro significam que a farsa vive, e, portanto, que a "grande verdade" que dá sentido ao mundo também existe. Quando a farsa que dá sentido ao mundo se manifesta, sendo ela uma verdade absoluta, ela nunca falha e nunca comete erros.

> [INFLUENCER-MF] Porque ao contrário de vocês [ex-aliados críticos ao governo Bolsonaro], **eu tenho consciência** que isso não é um governo de transição, que é a única esperança de salvação desse país. Então, **não se admite crítica** ao presidente Bolsonaro, ele é **um homem perfeito**. Nunca errou e nunca errou mesmo! Nunca errou, nunca errou! Não podemos chamar tentativa – escolhas, alternativas – de erros quando ela é a única opção que ele tem; **ele nunca errou.** Então, **não se admite crítica mesmo, e ponto final.**
> [...] Hitler não era apenas mais um político, Stalin não era apenas mais um político, Churchill não era apenas mais um político; o general de Gaule; Roosevelt; Margareth Thatcher;

Trump – o presidente Bolsonaro **não é apenas mais um político**, é um **ícone da história humana!**

Desse modo, não é uma surpresa que a ciência moderna seja sentida como uma inimiga mortal à racionalidade fanática. Mas não porque a ciência seja a "verdade científica do mundo" opositora à "verdade fanática do mundo"; mas porque a ciência enquanto um horizonte ideal, mesmo que englobe fanatismos internos, nunca será o oposto análogo ao fanatismo — as duas "verdades" não estão em relação de equivalência em que uma poderia simplesmente substituir a outra. Elas não são equivalentes porque a ciência moderna só pode ser a ciência uma vez que ela não é temida. Portanto, a ciência abre-se a si mesma para a dúvida de que talvez ela não seja uma verdade e muito menos perfeita. A ciência, mesmo enquanto um regime de verdade, não tem alicerces. Ela opera nas relações de poder, tendo como sua substância o conhecimento coletivamente produzido e em disputa, alimentado pelo etéreo do pensar; e pensar é correr o risco de fazer aparecer no mundo descontinuidades e incoerências. Daí a insistência dos fanatizados em dominar a ciência e torná-la parte do fanatismo religioso, nomeando a farsa em seu lugar, divulgando com cinismo uma "nova" ciência suprema — divina, perene, perfeita e infalível.

Em consonância com a lógica neoliberal, o fanatismo entende que apoderar-se da ciência, ressignificando seus termos e premissas, está plenamente de acordo com a lógica do direito individual à propriedade privada. Se tudo o que é um bem público e comum é passível de ser apropriável por um grupo de interesses privados – como as ruas, as praças, a água, a saúde e a doença, a vida e a morte –, por que não seria também a ciência? E como mencionado anteriormente, por que não seria também apropriável o debate público? Por que não seria um direito privado das famílias "investidoras" escolher ensinar aos seus filhos, por meio do *homeschooling*, que é sim possível escolher com quem coabitar o mundo? Não seria um direito privado ensinar a elas, desde a mais tenra idade, que a ciência verdadeira está toda contida na Bíblia, e que, a partir da hermenêutica *laissez-faire* que se autorregula, assim como o mercado, seria possível conhecer tudo o que há para se conhecer? Se a democracia dos fanáticos negacionistas neoliberais não necessita do *demos*, por que sua ciência deveria necessitar de *scientia*?

Ultimamente tem sido um argumento popular dizer que as questões científicas não deveriam ser politizadas. Por ciência indevidamente politizada, tem-se entendido que o conhecimento legitimado pela ciência é um

UNIVERSIDADES SOB A MIRA DO ÓDIO

alvo de grupos negacionistas que buscam invalidar as universidades públicas e a imprensa, instâncias sociais que produzem conhecimento e informação; em última instância, esses grupos buscariam invalidar a verdade dos fatos. Entretanto, se a política é o campo que permite o encontro entre verdade dos fatos, o erro e a mentira, e se a mentira é parte da criatividade humana, que inerentemente cria o novo, então a ciência faz parte desse confronto do ramo da criatividade humana. Embora política e ciência não sejam a mesma coisa, não é possível "despolitizar" a ciência, porque não é possível desassociar a política da criatividade humana e nem a criatividade humana da política, ambas estão dentro do jogo das relações de poder que definem o que pode ser a verdade científica. Portanto, a ciência já está desde sempre politizada.

Ciência e política pertencem ao ramo da criatividade, em que a verdade dos fatos, os erros e as mentiras coexistem em uma relação de disputa pela verdade que constrói o mundo possível de ser compreendido e vivido. Quando os embates e conflitos nos campos da ciência e da política acontecem por meio das reivindicações sociais, eles se estabelecem, de modo geral, no sentido de torná-los mais democráticos, e não para diminuir os riscos do antagonismo verdade-mentira. As demandas democráticas acontecem no sentido de que é necessário promover a participação de mais pessoas, mais vivências e mais "verdades", tanto na ciência quanto na política. Essa é a condição para ampliar as possibilidades de criação de um mundo vivível, principalmente para as populações precarizadas, que são historicamente excluídas desses espaços.

É preciso compreender que aquilo que tem sido popularmente nomeado como politização da ciência é, na verdade, uma tentativa de privatização do debate público. A ciência como um bem comum, como conhecimento pertencente ao público em geral, tem sido reivindicada como uma instância de verdades privatizáveis que sustentariam grupos de interesses da elite econômica. É como se a lógica neoliberal nos permitisse olhar para o contexto da realidade comum como uma disputa de mercado, em que cada perspectiva da verdade precisaria competir — guerrear — entre si, e, assim, convencer os "investidores" de que sua proposta do real teria mais valor, ou daria mais "retorno". Pela grade de inteligibilidade neoliberal, o debate público pode ser entendido como mais um item privatizável de nossa sociedade, em que eu posso escolher qual debate, qual definição de democracia e qual definição de ciência atende melhor aos meus interesses privados. E isso está tão naturalizado ao nosso olhar, em nossa subjetividade, que quando nosso referencial moderno de conhecimento comum, a ciência, está diante de uma "guerra cultural" encampada por setores fanáticos que hoje ocupam instâncias de poder no regime democrático, tendo sido eleitos democraticamente em partidos de representatividade eleitoral, dizemos: "o problema é que estão politizando a ciência". Mas eles não estão politizando a ciência, nem o debate público. O que eles estão fazendo é a privatização do senso comum. Propondo um consumo da "verdade", um produto que atenda melhor aos seus investimentos políticos, sem qualquer compromisso ou responsabilidade com o senso comum.

Portanto ampliar a politização a ciência é algo necessário para que seja possível fortalecer o debate democrático e fazer o enfrentamento do fanatismo neoliberalizante. Tornar a ciência politizável no debate público é tirá-la da *Ivory Tower* (torre de marfim), do espaço privado cientificista obsoleto que criou uma "universidade-empresa"[110] (LAVAL, 2004), onde os fantasmas patriarcais, mandonistas e familistas da nossa história definiram o que seria o debate público legítimo acerca da ciência. Somente a atuação política democrática em seu sentido ampliado pode levar a ciência a *la plaza*, para o debate público, em que a precariedade humana seja reconhecida como sua questão. É a partir do entendimento de que um bem comum não é privatizável que a ciência acadêmica pode então se estender como espaço democrático, uma "universidade-polis", onde *demos* e *scientia* não estão sob a mira furiosa dos gladiadores culturais, e onde a política e a ciência não estão desconectadas uma da outra nem cercadas pelas fronteiras do fanatismo privatista neoliberal.

## UMA UNIVERSIDADE-POLIS

Uma curiosa analogia de William Wolf Capes em sua obra *University life in ancient Athens*, publicada pela primeira vez em 1877, sugere que na antiguidade Atenas seria não somente uma cidade, mas um lugar comparável a uma universidade. Jovens de diferentes origens iam para Atenas para serem educados no sentido de se tornarem responsáveis pela *polis*, pela esfera pública da vida em sociedade. Enquanto um território político-geográfico permeado pela experiência do aprender filosófico,

---

[110] De acordo com Christian Laval (2004), a ideia de expansão universitária que se formou a partir dos anos 1950 nos Estados Unidos passou a compreender as universidades como empresas, seguindo a lógica capitalista para definir parâmetros acerca da produção científica e da gestão das instituições com o propósito de tornar o conhecimento acadêmico um mercado lucrativo.

Atenas também possuía uma comunidade acadêmica. Nessa perspectiva, a *polis* era um espaço público definido que possuía um propósito educativo voltado para a formação de cidadãos, não apenas de atenienses como também estrangeiros vindos da costa do mar Egeu (CAPES, 1922). Para Capes, a vida ateniense encontrava correlação com os principais elementos que definiriam uma universidade. Com esse deslocamento do sentido de universidade, o que o autor faz é propor uma abertura do significado de educação superior, em que universidade pode ser aquilo que contém elementos que definem suas premissas educativas ao mesmo tempo que o status de instituição designada como universitária ou de ensino superior não está limitado a uma noção fixa.

Pelo prisma sugerido por Capes, o elemento primário para a ideia de ensino superior ou universidade pública seria a constituição de um espaço da esfera pública — virtual e geográfico — formado por cidadãos e cidadãs organizados a partir de princípios democráticos, com a proposição de formular o interesse comum pela vida política na *polis*. O interesse pela vida na *polis* se dava por meio do debate filosófico e pela relação de ensino e aprendizagem voltada para a população considerada adulta, população essa que se tornaria responsável pela condução da vida política comum. E, por fim, a condição de intercâmbio entre comunidades de outros lugares fazia parte da noção de responsabilidade compartilhada do senso comum. Desse modo, se a *polis* foi vista por Capes como uma universidade, significa que a possibilidade democrática de se pensar a universidade poderia ser pensá-la como *polis* e não como uma empresa.

A disputa de narrativas em torno da universidade pública contemporânea se dá pelo reconhecimento de que essas instituições não são apenas uma modalidade específica de ensino voltada para o treinamento técnico de adultos, e sim um lugar de compartilhamento da vida em comum. E como um espaço de intercâmbios entre diferentes comunidades de diferentes origens, seria também pertinente pensar a *universidade-polis* — universidade democrática — como um campo do encontro de linguagens e códigos, uma esfera pública multilíngue. Como ressalta Judith Butler,

> A universidade pública, em sua melhor definição, é este local onde ocorre esse encontro entre as línguas, que tanto

> aprofunda nosso senso das culturas locais e amplia nossa compreensão de um mundo complexo. (BUTLER, 2020)[111].

A crítica à academia como um espaço de linguagem elitista é uma discussão necessária, entretanto há um problema na postura acusatória que não reconhece que sua linguagem própria, a linguagem acadêmica, é um campo em constante disputa e que se perderia enquanto disputa com a exigência de seduzir as massas. Essa proposição é problemática porque ela guarda um sentido messiânico em "conquistar" mentes e corações, o que é, no fim das contas, uma das premissas de base do autoritarismo ou do paternalismo. Fazer com que a ciência, enquanto linguagem em disputa a partir de bases democráticas, seja uma linguagem com apelo para as massas se assemelha muito às estratégias de mobilização de afetos em que as massas necessitariam ser tomadas pela sensação de que aquele conhecimento científico lhes faz sentido e alivia o peso da complexidade do mundo, de modo que tal linguagem estaria validada na ausência de um compromisso de valores pela vida compartilhada. Essa não é uma visão coerente com a ideia democrática e agonista da ação política. Se a ciência for democrática, isso só pode acontecer no agonismo dos encontros e não em seu apaziguamento massificado.

Com a perspectiva de que seria necessário mobilizar as crenças da massa a fim de validar a importância da ciência, é muito provável que nem todas as pessoas massificadas validem, por exemplo, o mérito das pesquisas sobre as especificidades das gavinhas — um campo de estudos da Biologia que, embora muito importante, talvez não ofereça o alívio imediato das ansiedades sociais como ocorre com a lógica de consumo neoliberal. Esse modo de defesa da ciência apenas contribui para que a produção científica continue operando sob as bases do pensamento neoliberal niilista. Contudo, em uma sociedade em que a ciência é produzida a partir de um horizonte democrático em uma relação multilíngue e não apaziguada, talvez as pessoas possam compreender que a produção do conhecimento, seja ele qual for, participa do jogo de relações de poder que garante a formação de nosso mundo comum. E, portanto, a produção do conhecimento científico passa a possuir valor social.

---

[111] Apresentação de Judith Butler realizada na conferência "The Promise of Multilingualism". Em tradução livre do trecho: "The public university, at its best, is this site where this encounter among languages takes place, one that both deepens our sense of local cultures and broadens our understanding of a complex world" (BUTLER, 2020).

UNIVERSIDADES SOB A MIRA DO ÓDIO

Ademais, a transformação da academia não está propriamente na definição das políticas de tradução e mediação que tornem a ciência completamente acessível a uma totalidade de pessoas, ainda que elas possam e devam ser feitas. A transformação democrática da ciência e da academia acontece no encontro de diferentes códigos que, em relação, formam alianças para traduzir o mundo. O encontro multilíngue acontece no aparecimento público dos corpos e na disputa por seu pertencimento nos espaços da política — e, portanto, na produção do conhecimento. A expansão universitária no Brasil significou um avanço democrático justamente porque o corpo é também linguagem, ele é decodificado socialmente. E quando esses códigos transitam por espaços que antes lhe eram negados, as linguagens tradicionais e socialmente legitimadas que ali habitavam sem grandes instabilidades são forçadas a criar possibilidades de tradução e novas linguagens, renovando as formas e os códigos da produção do conhecimento.

A emergência da centralidade do corpo e da precariedade como questão para as universidades, uma vez que elas passaram a fazer parte do espaço público da academia, possibilitou a abertura para o reposicionamento democrático das universidades públicas. E foi precisamente o aparecimento dos corpos e da precariedade como aspecto central do debate público que provocou a sensação de desestabilização da linguagem autoritária, fazendo com que movimentos de extrema-direita passassem a atacar diretamente as universidades públicas, produzindo inúmeras elaborações discursivas para provocar o ódio e o desprezo das massas contra essas instituições.

Se pudermos dizer algo acerca de uma função ontológica das instituições públicas do ensino superior, diremos que as universidades não têm uma função em si mesmas a não ser quanto à dimensão da formação do interesse comum. Como espaço da ação política, as universidades são apenas o que os sujeitos que disputam esse espaço podem dizer. Afinal, são suas perspectivas de mundo que definem os contornos da função das universidades públicas. Na perspectiva autoritária, as universidades públicas são compreendidas como instituições controláveis para fins de aculturamento de saberes estritamente definíveis e subservientes a uma determinada racionalidade, seja ela a racionalidade do mercado ou a racionalidade moral-religiosa. Na perspectiva de agendas democráticas, populações precarizadas e movimentos sociais organizados assumem as universidades como uma esfera pública para seu aparecimento, um espaço comum onde os corpos em aliança reivindicam a possibilidade de produzir conhecimento e esperança por um mundo comum.

O autoritarismo nunca foi contrário à existência de universidades, fossem elas públicas ou privadas. No entanto seus termos para a defesa das instituições acadêmicas sempre se orientaram pela perspectiva de que elas pudessem ser monitoradas e cerceadas pelo Estado autoritário. Foi pela via do estatismo que o pensamento autoritário obteve o controle das universidades na Alemanha nazista, sem jamais destruí-las. O que o movimento autoritário rejeita é, na verdade, qualquer possibilidade de que as universidades possam ser algo como uma *universidade-polis* que não pretende negar toda noção ocidental de política democrática, mas solicita sua transformação. Esse é um lugar indesejável e ameaçador para os planos autoritários, porque uma universidade-*polis* é o espaço aberto para a aparição da precariedade e da multiplicidade de linguagens e experiências que nos colocam em uma condição compartilhada para a compreensão das complexidades do mundo, onde se aprofundam os sentidos daquilo que é local, mas que também nos oferece na pluralidade um pertencimento comum.

# REFERÊNCIAS

AÇÃO EDUCATIVA; INSTITUTO PAULO MONTENEGRO. **Indicador de Alfabetismo Funcional**: Inaf Brasil 2018 resultados preliminares. Ação Educativa; Instituto Paulo Montenegro – Ação Social do IBOPE, 2018.

AGÊNCIA BRASIL. UnB é pichada com ameaça de massacre. **IstoÉ Dinheiro**, 18 out. 2018. Disponível em: https://www.istoedinheiro.com.br/unb-e-pichada--com-ameaca-de-massacre/. Acesso em: 23 fev. 2019.

AGOSTINI, Renata. MEC cortará verba de universidade por 'balbúrdia' e já enquadra UnB, UFF e UFBA. **O Estado de São Paulo**, 30 abr. 2019. Disponível em: https://educacao.estadao.com.br/noticias/geral,mec-cortara-verba-de-universida-de-por-balburdia-e-ja-mira-unb-uff-e-ufba,70002809579. Acesso em: 6 jan. 2020.

ALDROVANDI, Cibele Elisa Viegas. A morfogênese espacial da antiga Báctria: interações e paradigmas em uma paisagem fractal. **Revista do Museu de Arqueologia e Etnologia**, São Paulo, 20, p. 163-196, 2010.

ALVIM, Mariana. Relatório denuncia perseguição a acadêmicos e universidades no mundo, com destaque inédito ao Brasil. **BBC News Brasil**, São Paulo, 10 dez. 2019. Disponível em: https://www.bbc.com/portuguese/geral-50695248. Acesso em: 10 dez. 2019.

ANDIFES, Associação Nacional dos Dirigentes das Instituições Federais de Ensino Superior; FONAPRACE, Fórum Nacional de Pró-Reitores de Assuntos Estudantis. **V Pesquisa Nacional de Perfil Socioeconômico e Cultural dos (as) Graduandos (as) das IFES – 2018**. Uberlândia, 2019. Disponível em: http://www.fonaprace. andifes.org.br/site/wp-content/uploads/2019/06/V-Pesquisa-do-Perfil-Socioe-cono%CC%82mico-dos-Estudantes-de-Graduac%CC%A7a%CC%83o-das-U.pdf. Acesso em: 22 abr. 2021.

APÓS SOFRER ameaças de morte, Márcia Tiburi deixa o Brasil. **Revista Forum**, 11 mar. 2019. Disponível em: https://revistaforum.com.br/politica/apos-sofrer--ameacas-de-morte-marcia-tiburi-deixa-o-brasil/. Acesso em: 11 mar. 2019.

ARAÚJO, Ernesto. Agora falamos. **The New Criterion**, v. 37, n. 5, p. 37, 2019. Disponível em: https://newcriterion.com/issues/2019/1/agora-falamos. Acesso em: 8 maio 2021.

ARENDT, Hannah. Crises in Education. *In*: ARENDT, Hannah **Between Past and Future**: Six Exercises in Political Thought. New York: Viking Press, 1961. p. 173-196.

ARENDT, Hannah. **Verdade e Política**. 1. ed. Tradução de Manuel Alberto. Lisboa: Relógio D'agua Editores, 1995.

ARENDT, Hannah. What Remains? The language remains. *In*: BAEHR, Peter R. (org.). **The Portable Hannah Arendt**. New York: Penguin Putnam Inc., 2000. p. 3-22.

ARENDT, Hannah. A Reply to Erich Voegelin. *In*: BAEHR, Peter R. (org.). **The Portable Hannah Arendt**. New York: Penguin Putnam Inc., 2000. p. 157-164.

ARENDT, Hannah. What is Authority? *In*: BAEHR, Peter R. (org.). **The Portable Hannah Arendt**. New York: Penguin Putnam Inc., 2000. p. 462-507.

ARENDT, Hannah. The Revolutionary Tradition and Its Lost Treasure. *In*: BAEHR, Peter R. (org.). **The Portable Hannah Arendt**. New York: Penguin Putnam Inc., 2000. p. 508-539.

ARENDT, Hannah. Truth and Politics. *In*: BAEHR, Peter R. (org.). **The Portable Hannah Arendt**. New York: Penguin Putnam Inc., 2000. p. 545-575.

ARENDT, Hannah. **A Condição Humana**. 10. ed. Tradução de Roberto Raposo. Posfácio de Celso Lafer. Rio de Janeiro: Forense Universitária, 2007.

ARENDT, Hannah. **Origens do totalitarismo**. Tradução de Roberto Raposo. São Paulo: Companhia das Letras, 2012.

ARRAES, Virgílio Caixeta. De Pio XII a Paulo VI. Do conservadorismo à incerteza da renovação durante a Guerra Fria. **Revista de Informação Legislativa**, Brasília, a. 42, n. 165, jan./mar. 2005. Disponível em: https://repositorio.unb.br/handle/10482/21874. Acesso em: 31 abr. 2021.

BELLONI, Isaura. A educação superior dez anos depois da LDB/1996. *In*: BREZNSKI, Iria (org.). **LDB dez anos depois**: reinterpretação sob diversos olhares. São Paulo: Cortez, 2008.

BIGNOTTO, Newton. **O Brasil à procura da democracia**: da proclamação da República ao século XXI (1889-2018). Rio de Janeiro: Bazar do Tempo, 2020.

BOURDIEU, Pierre. **O poder simbólico**. Tradução de Fernando Tomaz. Rio de Janeiro: Editora Bertrand Brasil, 1989. (Coleção Memória e Sociedade).

BRASIL. Lei n. 9.394, de 20 de dezembro de 1996. Estabelece as diretrizes e bases da educação nacional. **Diário Oficial da União**, Brasília, DF, dez. 1996. Disponível em: https://www.planalto.gov.br/ccivil_03/leis/l9394.htm. Acesso em: 9 nov. 2020.

BRASIL. LEI N. 11.096, DE 13 DE JANEIRO DE 2005. INSTITUI O PROGRAMA DE APOIO A PLANOS DE REESTRUTURAÇÃO E EXPANSÃO DAS UNIVERSIDADES FEDERAIS – REUNI. **DIÁRIO OFICIAL DA UNIÃO**. BRASÍLIA, DF, 2005. DISPONÍVEL EM: HTTP://WWW.PLANALTO.GOV.BR/CCIVIL_03/_ATO2004-2006/2005/LEI/L11096.HTM. ACESSO EM: 9 NOV. 2020.

BRASIL. Decreto n. 6.096, de 24 de abril de 2007. Institui o Programa de Apoio a Planos de Reestruturação e Expansão das Universidades Federais – Reuni. **Diário Oficial União**, Brasília, DF, 2007. Disponível em: https://www2.camara.leg.br/legin/fed/decret/2007/decreto-6096-24-abril-2007-553447-publicacaooriginal--71369-pe.html. Acesso em: 9 nov. 2020.

BRASIL. Ministério da Educação. Número de brasileiros com graduação cresce 109,83% em 10 anos. **Portal MEC**, Brasília, 3 maio 2012. Disponível em: http://portal.mec.gov.br/ultimas-noticias/212-educacao-superior-1690610854/17725-numero-de-brasileiros-com-graduacao-cresce-10983-em-10-anos. Acesso em: 10 fev. 2021.

BRASIL. Ministério da Educação. **Ricardo Vélez-Rodíguez**: As universidades servem para formar excelência. Canal de YouTube Ministério da Educação, Brasília, 2019. Disponível em: https://www.youtube.com/watch?v=zua8JwcN_9I. Acesso em: 7 out. 2020.

BRINCO, Henrique. Políticos acusam Bolsonaro de propagar símbolo nazista de supremacia branca ao beber copo de leite; presidente nega. **Bnews,** 30 maio 2020. Disponível em: https://www.bnews.com.br/noticias/politica/politica/270121,politicos-acusam-bolsonaro-de-propagar-simbolo-nazista-de-supremacia-branca--ao-beber-copo-de-leite-presidente-nega.html. Acesso em: 5 jun. 2020.

BROWN, Wendy. American Nightmare: Neoliberalism, Neoconservatism, and De-Democratization. **Political Theory**, v. 34, n. 6, p. 690-714, dez. 2006. Sage Publications, Inc. Disponível: http://www.jstor.org/stable/20452506. Acesso em: 3 dez. 2020. Também disponível em: https://edisciplinas.usp.br/pluginfile.php/7934867/mod_resource/content/1/Neoliberalismo%20neoconservatism_BROWN.pdf. Acesso em: 30 nov. 2023.

BROWN, Wendy. **Undoing the Demos**: Neoliberalism's Stealth Revolution. New York: Zone Books, 2015. Livro eletrônico.

BROWN, Wendy. **Nas ruínas do neoliberalismo**: a ascensão da política anti-democrática no ocidente. Tradução de Mario A. Marino, Eduardo Altheman C. Santos. 1ª reimpressão. São Paulo: Editora Filosófica Politeia, 2020.

BUCCI, Eugênio. Pós-política e corrosão da verdade. Dossiê Pós-Verdade e Jornalismo. **Revista USP**, São Paulo, n. 116, p. 19-30, janeiro/fevereiro/março 2018.

BUCCI, Eugênio. **Existe Democracia sem verdade factual?** Cultura política, imprensa e bibliotecas públicas em tempos de *fake news*. Organizado por Lucia Santaella. Barueri, SP: Estação das Letras e Cores, 2019.

BRUNETTO, Dayana. LGBTfobia na Educação. *In*: SOUZA, Humberto da Cunha Alves de; JUNQUEIRA, Sérgio Rogério Azevedo (org.). **Caminhos da pesquisa em diversidade sexual e de gênero**: olhares in(ter)disciplinares. Curitiba: IBDSEX, 2020.

BURKE, Peter. **Uma História Social do Conhecimento**: de Gutenberg a Diderot. Tradução de Plínio Dentzein. Rio de Janeiro: Zahar, 2003.

BUTLER, Judith. **Gender Trouble**: feminism and the subversion of identity. New York: Routledge, 1999.

BUTLER, Judith. **Precarious life**: the powers of mourning and violence. London: Verso, 2004.

BUTLER, Judith; ATHANASIOU, Athena. **Dispossession**: The Performative in the Political – Conversations with Athena Athanasiou. Cambridge: Polity Press, 2013.

BUTLER, Judith. **Notes Toward a Performative Theory of Assembly**. Cambridge: Harvard University Press, 2015.

BUTLER, Judith. **Corpos em aliança e a política das ruas**: notas para uma teoria performativa de assembleia. 1. ed. Tradução de Fernanda Siqueira Miguens. Revisão técnica de Carla Rodrigues. Rio de Janeiro: Civilização Brasileira, 2018.

BUTLER, Judith. **The Promise of Multilingualism**. Canal de YouTube: Berkely Language Center, 05 out. 2020. Disponível em: https://www.youtube.com/watch?v=w7tKCGV3Oow. Acesso em: 23 out. 2020.

CAPES, William Wolf. **University life in ancient Athens**. New York: G. E. & Co., 1922.

CASA IMPERIAL. Propostas Básicas. **Website Casa Imperial.** Disponível em: https://monarquia.org.br/monarquia-hoje/propostas-basicas/. Acesso em: 1 maio 2021

CASTELLS, Manuel. **Redes de Indignação e Esperança**: movimentos sociais na era da internet. Tradução de Carlos Alberto Medeiros. 1. ed. Rio de Janeiro: Zahar, 2013.

CERCA de 20 instituições federais de ensino estão sob intervenção no país. **Sindicato Nacional dos Docentes das Instituições de Ensino Superior (Andes),** 21 jan. 2021. Disponível em: https://www.andes.org.br/conteudos/noticia/cerca--de-20-instituicoes-federais-de-ensino-estao-sob-intervencao-no-pais1. Acesso: 11 jun. 2021.

CÉSAR, Maria Rita de Assis. Docência e (auto)biografia: a escrita de si e a produção da subjetividade. *In*: SCHMIDT, Maria Auxiliadora; GARCIA, Tânia Maria F. Braga; HORN, Geraldo Balduíno (org.). **Diálogos e perspectivas de investigação.** Ijuí: Unijuí, 2008.

CÉSAR, Maria Rita de Assis; DUARTE, André de Macedo. Governamento e pânico moral: corpo, gênero e diversidade sexual em tempos sombrios. **Educar em Revista**, Curitiba, n. 66, p. 141-155, out./dez. 2017.

CHADE, Jamil. Itamaraty censura até 2024 documentos sobre sua política sobre gênero. **UOL Notícias**, 9 set. 2019. Disponível em: https://jamilchade.blogosfera. uol.com.br/2019/09/09/itamaraty-censura-ate-2024-documentos-sobre-sua--postura-relativa-a-genero/. Acesso em: 9 jan. 2020.

CHAPOUTOT, Johann. Virilidade Fascista. *In*: COURTINE, Jean-Jacques. **A virilidade em crise?**: o século XX e XXI. vol. 3. In: CORBIN, Alain; COURTINE, Jean-Jacques; VIGARELLO, Georges. História da Virilidade. Tradução de Noéli Correia de Mello Sobrinho e Thiago de Abreu e Lima Florêncio. Petrópolis, RJ: Vozes, 2013. p. 335-363.

CPI das Fake News ouve o blogueiro Allan dos Santos. **Congresso Em Foco**, Brasília, 5 nov. 2019. Disponível em: https://congressoemfoco.uol.com.br/especial/noticias/ao-vivo-cpi-das-fake-news-ouve-o-blogueiro-allan-dos-santos/. Acesso em: 11 jun. 2021.

CURY, Carlos Roberto Jamil. A educação básica no Brasil. **Educação & Sociedade**, Campinas, v. 23, n. 80, p. 168-200, set. 2002. Disponível em: https://www.cedes. unicamp.br/. Acesso em: 5 fev. 2021.

DAMARES diz que ajudará menina de 10 anos grávida após estupro no ES. **Universa UOL**, 15 maio 2020. Disponível em: https://www.uol.com.br/universa/noticias/redacao/2020/08/14/damares-diz-que-vai-ajudar-menina-de-10-anos--gravida-no-es.htm. Acesso em: 10 jun. 2021.

DARDOT, Pierre; LAVAL, Christian. **Comum**: ensaio sobre a revolução no século XXI. 1. ed. Tradução de Mariana Echalar. São Paulo: Boitempo, 2017.

DIAS, Adriana A. M. **Observando o Ódio**: entre uma etnografia do neonazismo e a biografia de David Lane. Tese (Doutorado em Antropologia Social) – Instituto de Filosofia e Ciências Humanas (IFCH) da Universidade Estadual de Campinas (UNICAMP), Campinas, 2018. Disponível em: https://hdl.handle.net/20.500.12733/1634640. Acesso em: 27 ago. 2020.

DIAS, Marina. Bolsonaro diz que manifestantes contra cortes na educação são idiotas úteis e massa de manobra. **Folha de São Paulo**, 15 maio 2019. Disponível em: https://www1.folha.uol.com.br/educacao/2019/05/bolsonaro-diz-que-manifestantes-contra-cortes-na-educacao-sao-idiotas-uteis-e-massa-de-manobra.shtml Acesso em: 15 maio 2019.

DINIZ, Debora; CARINO, Giselle. A mentira da "preservação sexual" da ministra Damares. **El País Brasil**, 6 jan. 2020. Disponível em: https://brasil.elpais.com/opiniao/2020-01-06/a-mentira-da-preservacao-sexual-da-ministra-damares.html. Aceso em: 6 jan. 2020.

DUARTE, André de Macedo. **O pensamento à sombra da ruptura**: política e filosofia em Hannah Arendt. São Paulo: Paz e Terra, 2000.

DUARTE, André de Macedo. Judith Butler e Hannah Arendt em diálogo: repensar a ética e a política. *In*: CANDIOTTO, Cesar; OLIVEIRA, Jelson (org.). **Vida e Liberdade**: entre a ética e a política. 1. ed. v. 1. Curitiba: PUCPRESS, 2016. p. 311-336.

DUARTE, André de Macedo. **A pandemia e o pandemônio**: ensaio sobre a crise da democracia brasileira. 1. ed. Rio de Janeiro: Via Verita, 2020.

DUARTE, André de Macedo; CÉSAR, Maria Rita de Assis. Negação da Política e Negacionismo como Política: pandemia e democracia. **Educação & Realidade**, Porto Alegre, v. 45, n. 4, e109146, 2020.

EDUARDO Bolsonaro postou foto com bandeira da supremacia branca, a mesma usada pelos racistas dos EUA. **Plantão Brasil**, publicado em 14 ago. 2017. Disponível em: https://www.plantaobrasil.net/news.asp?nID=98243. Acesso: 2 maio 2021.

ENGEL, Richard; WERNER, Kennett. Steve Bannon and U.S. ultra-conservatives take aim at Pope Francis. **NBC News**, 12 abr. 2019. Disponível em: https://www.nbcnews.com/news/world/steve-bannon-u-s-ultra-conservatives-take-aim-pope-francis-n991411. Acesso em: 5 jan. 2020.

FELLET, João. Monarquistas ocupam cargos em Brasília e reabilitam grupo católico ultraconservador. **BBC News Brasil**, São Paulo, 4 abr. 2019. Disponível em: https://www.bbc.com/portuguese/brasil-47728267. Acesso em: 18 dez. 2019.

FISHER, Max; TAUB, Amanda. YouTube Radicalized Brazil. **The New York Times**, 11 ago. 2019. Disponível em: https://www.nytimes.com/2019/08/11/world/americas/youtube-brazil.html. Acesso em: 28 abr. 2020.

FOUCAULT, Michel. Poder e Saber. *In*: FOUCAULT, Michel. **Estratégia, Poder-Saber**. 2. ed. Organização, seleção de textos e revisão técnica de Manoel Barros da Motta. Tradução de Vera Lúcia Avellar Ribeiro. Rio de Janeiro: Forense Universitária, 2006. p. 223-240. (Ditos e escritos, vol. IV).

FOUCAULT, Michel. A Governamentalidade. *In*: FOUCAULT, Michel. **Estratégia, Poder-Saber**. 2. ed. Organização, seleção de textos e revisão técnica de Manoel Barros da Motta. Tradução de Vera Lúcia Avellar Ribeiro. Rio de Janeiro: Forense Universitária, 2006. p. 281-305. (Ditos e escritos, volume IV).

FOUCAULT, Michel. **Nascimento da biopolítica**. Edição de Michel Senellart. Direção de François Ewald e Alessandro Fontana. Tradução de Eduardo Brandão. Revisão da tradução de Claudia Berliner. São Paulo: Martins Fontes, 2008.

FOUCAULT, Michel. **História da Sexualidade I**: a vontade de saber. Tradução de Maria Thereza da Costa Albuquerque e J. A. Guilhon Albuquerque. Rio de Janeiro: Edições Graal, 2012a.

FOUCAULT, Michel. O Cuidado com a Verdade. *In*: FOUCAULT, Michel. **Ética, Sexualidade, Política**. 3. ed. Organização, seleção de textos e revisão técnica de Manoel Barros da Motta. Tradução de Elisa Monteiro, Inês Autran Dourado Barbosa. Rio de Janeiro: Forense Universitária, 2012b. p. 234-245. (Ditos e escritos, vol. V).

FOUCAULT, Michel. Polêmica, Política e Problematizações. *In*: FOUCAULT, Michel. **Ética, Sexualidade, Política**. 3. ed. Organização e seleção de textos de Manoel Barros da Motta. Tradução de Elisa Monteiro, Inês Autran Dourado Barbosa. Rio de Janeiro: Forense Universitária, 2012b. p. 219-227. (Ditos e Escritos, vol. V).

FOUCAULT, Michel. Nietzsche, a Genealogia, a História. *In*: FOUCAULT, Michel. **Arqueologia das Ciências e História dos Sistemas de Pensamento**. 3. ed. Organização e seleção de textos de Manoel Barros da Motta. Tradução de Elisa Monteiro. Rio de Janeiro: Forense Universitária, 2013. p. 273-295. (Ditos e Escritos, vol. II).

FOUCAULT, Michel. **A Ordem do Discurso**: Aula inaugural no College de France, pronunciada em 2 de dezembro de 1970. 24. ed. Tradução de Laura Fraga de Almeida Sampaio. São Paulo: Edições Loyola, 2014.

FREIRE, Paulo. **Educação como Prática da Liberdade**. Rio de Janeiro: Paz e Terra, 1967.

FREIRE, Paulo. **Pedagogia da Autonomia**: saberes necessários à prática educativa. 39. ed. São Paulo: Paz e Terra, 2009.

FREIRE, Paulo. **Pedagogia do Oprimido**. 50. ed. rev. e atual. Rio de Janeiro: Paz e Terra, 2011.

GANDRA, Alana. Água e sabão podem livrar os homens do câncer de pênis, diz Especialista. **Agência Brasil**, 23 set. 2013. Disponível em: https://memoria.ebc. com.br/agenciabrasil/noticia/2013-09-23/agua-e-sabao-podem-livrar-os-homens-do-cancer-de-penis-diz-especialista. Acesso em: 29 jun. 2020.

GEOGRAFIA é Deus, matemática é Deus, história é Deus: MEC tem nova secretária no nível Damares. **GGN**, 21 jun. 2019. Disponível em: https://jornalggn.com.br/noticia/geografia-e-deus-matematica-e-deus-historia-e-deus-mec-tem-nova-secretaria-no-nivel-damares/. Acesso: 5 out. 2020.

GIROUX, Henry A. Democracia (Reconexão do pessoal e do político). *In*: STRECK, Danilo R.; REDIN, Euclides; ZITKOSKI, Jaime José (org.). **Dicionário Paulo Freire**. 2. ed. rev. amp. 1. reimp. Belo Horizonte: Autêntica Editora, 2010.

GREGO, Maurício. Piada de Bolsonaro sobre sua filha gera revolta nas redes sociais. **Exame**, 6 abr. 2017. Disponível em: https://exame.com/brasil/piada-de-bolsonaro-sobre-sua-filha-gera-revolta-nas-redes-sociais/. Acesso em: 20 dez. 2017.

GUÉNON, René. **The Crises of the Modern World**. Tradução de Marco Pallis, Arthur Osborne, Richard C. Nicholson e Sophia Perennis. New York: Hillsdale, 2001.

HANNA, Wellington. Compra de Viagra e próteses penianas pelas Forças Armadas atendeu princípios da administração pública, diz ministro da Defesa. **G1 – TV Globo**, 8 jun. 2022. Disponível em: https://g1.globo.com/df/distrito-federal/noticia/2022/06/08/compra-de-viagra-e-proteses-penianas-pelas-forcas-armadas-atendeu-principios-da-administracao-publica-diz-ministro-da-defesa.ghtml. Acesso em: 1 fev. 2024.

HARAWAY, Donna. Saberes localizados: a questão da ciência para o feminismo e o privilégio da perspectiva parcial. **Cadernos Pagu**, Campinas, Unicamp, v. 5, p. 7-41, 1995.

HARLAN, Chico. With support from Steve Bannon, a medieval monastery could become a populist training ground. **The Washington Post**, 25 dez. 2018. Disponível em: https://www.washingtonpost.com/world/europe/with-support--from-steve-bannon-a-medieval-monastery-could-become-a-populist-training-ground/2018/12/25/86dac38a-d3c4-11e8-a4db-184311d27129_story.html?-nor%E2%80%A6%201/5. Acesso em: 22 fev. 2019.

HUNT, James Davidson. **Cultural Wars**: the struggle to define America. New York: Basic Books, 1991.

IG ÚLTIMO SEGUNDO. Apoiador tira foto com Bolsonaro e faz gesto de supremacia branca; veja vídeo. **IG**, 26 mar. 2021. Disponível em: https://ultimosegundo.ig.com.br/politica/2021-03-26/apoiador-tira-foto-com-bolsonaro-e-faz-gesto--de-supremacia-branca--veja-video.html. Acesso em: 26 mar. 2021.

INEP, Instituto Nacional de Estudos e Pesquisas Educacionais Anísio Teixeira; MEC, Ministério da Educação. **Panorama da Educação**: destaques do Education at a Glance 2020. Brasília, DF: Inep/MEC, 2020. Disponível em: https://download.inep.gov.br/publicacoes/institucionais/estatisticas_e_indicadores/panorama_da_educacao_destaques_do_education_at_glance_2020.pdf.

JUNQUEIRA, Rogério Diniz. "Ideologia de gênero": a gênese de uma categoria política reacionária - ou: A promoção dos direitos humanos se tornou uma "ameaça à família natural"? *In*: RIBEIRO, Paula Regina Costa; MAGALHÃES, Joanalira Copes (org.). **Debates contemporâneos sobre Educação para a sexualidade**. Rio Grande: Ed. da FURG, 2017. p. 25-52.

KALIL, Isabela O. Quem são e no que acreditam os eleitores de Jair Bolsonaro. **Fundação Escola de Sociologia e Política de São Paulo**, Outubro, 2018. Disponível em: https://isabelakalil.files.wordpress.com/2019/08/relatc3b3rio-para--site-fespsp.pdf. Acesso em: 30 jun. 2020.

LATOUR, Bruno. **Onde Aterrar? Como se orientar politicamente no Antropoceno**. 1. ed. Tradução de Marcela Vieira. Posfácio e revisão técnica de Alyne Costa. Rio de Janeiro: Bazar do Tempo, 2020.

LANGNOR, Carolina. **Novos feminismos**: perspectivas sobre o movimento estudantil feminista na Universidade Federal do Paraná. Dissertação (Mestrado em Educação) – Setor de Educação, Universidade Federal do Paraná, Curitiba, 2017.

LAQUEUR, Thomas Walter. **Inventando o sexo**: corpo e gênero dos gregos a Freud. Tradução de Vera Whately. Rio de Janeiro: Relume Dumará, 2001.

LAVAL, Christian. **A escola não é uma empresa**. O neo-liberalismo em ataque ao ensino público. Tradução de Maria Luiza M. de Carvalho e Silva. Londrina: Editora Planta, 2004.

LILLA, Mark. **A mente naufragada**: sobre o espírito reacionário. 1. ed. Tradução de Clóvis Marques. Rio de Janeiro: Record, 2018.

LISBOA, Ana Paula. Acadêmicos brasileiros se exilam por ameaças de morte. **Correio Brasiliense**, 13 mar. 2020. Disponível em: https://www.correiobrazi-liense.com.br/app/noticia/eu-estudante/ensino_ensinosuperior/2020/03/13/interna-ensinosuperior-2019,834162/academicos-brasileiros-se-exilam-por-a-meacas-de-morte.shtml. Acesso em: 10 ago. 2020.

LORDE, Audre. A transformação do silêncio em linguagem e em ação. *In*: LORDE, Audre. **Irmã Outsider**: ensaios e conferências. 1. ed. Tradução de Stephanie Borges. Belo Horizonte: Autêntica Editora, 2019.

LOURO, Guacira L. Mulheres na sala de aula. *In*: PRIORE, Mary Del (org.). **História das Mulheres no Brasil**. 10. ed. 3ª reimpressão. Coordenação de textos: Carla Bassanezi. São Paulo: Contexto, 2015.

MACHADO, Lívia; TOMAZ, Kleber. USP investiga pichações de suástica nazista em portas de alojamento estudantil. **G1 - Globo**, São Paulo, 18 out. 2018. Disponível em: https://g1.globo.com/sp/sao-paulo/noticia/2018/10/18/usp-investi-ga-pichacoes-de-suasticas-nazistas-em-portas-de-alojamento-estudantil.ghtml. Acesso em: 23 fev. 2019.

MANOEL, Ivan A. Origens do tradicionalismo católico: um ensaio de interpretação. **Revista Brasileira de História das Religiões**. v. 6, n. 16, p. 07-33, maio 2013. Disponível em: https://periodicos.uem.br/ojs/index.php/RbhrAnpuh/article/view/23504. Acesso em: 5 maio 2020.

MAZUI, Guilherme. Bolsonaro faz alerta sobre risco de homens terem pênis amputado por falta de higiene. **G1 — Globo**, Brasília, 25 abr. 2019. Disponível em: https://g1.globo.com/politica/noticia/2019/04/25/bolsonaro-faz-alerta-sobre-risco-de-homens-terem-penis-amputado-por-falta-de-higiene.ghtml. Acesso em: 29 jun. 2020.

MEDEIROS, Taísa. Além de viagra, Exército aprovou a aquisição de 60 próteses penianas. **Correio Brasiliense**, 12 abr. 2022. Disponível em: https://www. correiobraziliense.com.br/ politica/2022/04/5000101-alem-de-viagra-defesa--aprovou-a-aquisicao-de-60- proteses-penianas.html. Acesso em: 31 jan. 2024.

"NAZISMO de esquerda": o absurdo vira discurso oficial em Brasília. **Carta Capital**, 28 mar. 2019. Disponível em: https://www.cartacapital.com.br/Politica/ nazismo-de-esquerda-o-absurdo-virou-discurso-oficial-em-brasilia/. Acesso em: 10 fev. 2021.

NUNES, Wálter; CHAIB, Julia. Operação da PF completa 1 ano, e reitor da UFSC entrega dossiê a ministro. **Folha de São Paulo**, 2018. Disponível em: https://www1. folha.uol.com.br/cotidiano/2018/09/operacao-da-pf-completa-1-ano-e-reitor--da-ufsc-entrega-dossie-a-ministro.shtml?origin=folha. Acesso em: 10 fev. 2019.

OECD. **Education at a Glance 2020**: Country Note – Brazil. OECD, 08 set. 2020.

OLAVO dará curso grátis a PMs, e Carlos Bolsonaro apoia aulas antiesquerda. **UOL**, São Paulo, 21 jul. 2019. Disponível em: https://noticias.uol.com.br/politica/ ultimas-noticias/2019/07/21/carlos-bolsonaro-exalta-ideia-de-olavo-de-carvalho-de-curso-gratis-para-pms.htm. Acesso em: 9 jan. 2020.

OLIVEIRA, Maria Teresa Cavalcanti de; ARAGÃO. Luciano Ximenes. ISEB - Instituto Superior de Estudos Brasileiros: a ação do MEC na formação acadêmica de intelectuais orgânicos do "nacional-desenvolvimentismo" nos anos de 1950. **Revista HISTEDBR On-line**, Campinas, v. 20, p. 1-22, 2020. Disponível em: https://periodicos.sbu.unicamp.br/ojs/index.php/histedbr/article/view/8654062. Acesso em: 30 mar. 2021.

OLIVEIRA, Plínio Corrêa. Dique levantado contra a Revolução. Sociedade Brasileira de Defesa da Tradição, Família e Propriedade - extraído de conferências de 4/4/1966 e 4/4/1967. **Revista Dr. Plinio 265**, abril de 2020. Disponível em: https://www.tfp.org.br/espiritualidade/dique-levantado-contra-a-revolucao/. Acesso em: 10 dez. 2020.

OLIVEIRA, Tânia. Bolsonaro, de imbrochável a inelegível dentro das quatro linhas. **Carta Capital**, [*s. l.*], 29 jun. 2023. Disponível em: https://www.cartacapital.com. br/opiniao/bolsonaro-de-imbrochavel-a-inelegivel-dentro-das-quatro-linhas/. Acesso em: 17 abr. 2024.

OLIVEIRA, Thaiane. Desinformação científica em tempos de crise epistêmica: circulação de teorias da conspiração nas plataformas de mídias sociais. **Revista Fronteiras – estudos midiáticos**, Novo Hamburgo, Unisinos, v. 22, n. 1, p. 21-35, jan./abr. 2020.

'PARA cada aluno de graduação, poderia pagar dez em creche', diz ministro da Educação. **O Globo**, 30 abr. 2019. Disponível em: https://oglobo.globo.com/sociedade/educacao/para-cada-aluno-de-graduacao-poderia-pagar-dez-em-creche-diz-ministro-da-educacao-23633807. Acesso em: 6 jan. 2020.

PARAGUASSU, Lisandra. Bolsonaro pede prefeitos que tenham "Deus no coração". **Terra**, 1 out. 2020. Disponível em: https://www.terra.com.br/noticias/brasil/politica/bolsonaro-pede-prefeitos-que-tenham-deus-no-coracao,4638408527937cce-48db6e16d1c95f267lpiafo8.html. Acesso em: 13 maio 2020.

PASSOS, Luiz Augusto. Fenomenologia. In: STRECK, Danilo R.; REDIN, Euclides; ZITKOSKI, Jaime José (org.). **Dicionário Paulo Freire**. 2. ed. rev. amp. 1. reimp. Belo Horizonte: Autêntica Editora, 2010.

PAVIO. **Judith Butler no Sesc Pompeia**. Canal de YouTube: Pavio. Disponível em: https://www.youtube.com/watch?v=_t-t32YmMlA&feature=emb_title. Acesso em: 10 set. 2020.

PINTO, Rui Cavallin. O promotor e o crime da Baronesa. **Ministério Público do Paraná**, Curitiba, 19 fev. 2015. Disponível em: https://site.mppr.mp.br/memorial/Pagina/O-promotor-e-o-crime-da-Baronesa. Acesso em: 21 mar. 2021.

PODER360. **Novo ministro da Educação afirmou que universidades ensinam "sexo sem limites" e que "vale tudo"**. Canal de YouTube Poder360, 11 jul. 2020. Disponível em: https://www.youtube.com/watch?v=YqKHvqplLUw&t=3s. Acesso em: 06 out. 2020.

PODER360. **Bolsonaro defende tortura para quem ficar em silêncio em CPI, em maio de 1999**. Canal de YouTube PODER360, 18 maio 2021. Disponível em: https://www.youtube.com/watch?v=VRzVMcOdK1I. Acesso em: 10 jun. 2021.

POR QUE gesto de 'OK' de assessor de Bolsonaro está em lista de símbolos de ódio nos EUA. **BBC News Brasil**, 30 set. 2019. Disponível em: https://www.bbc.com/portuguese/geral-49861739. Acesso em: 29 mar. 2021.

PORTER, Tom. QAnon supporters believed marching on the Capitol could trigger 'The Storm,' an event where they hope Trump's foes will be punished in mass executions. **Insider**, 7 jan. 2021. Disponível em: https://www.businessinsider. com/qanon-trump-capitol-attack-belief-precursor-the-storm-2021-1. Acesso em: 10 jan. 2021.

PRANDI, Reginaldo; SANTOS, Renan William dos. Mudança religiosa na sociedade secularizada: o Brasil 50 anos após o Concílio Vaticano II. Dossiê Desafios contemporâneos da sociologia da religião. **Contemporânea**, v. 5, n. 2 p. 351-379, jul./dez. 2015. Disponível em: https://www.contemporanea.ufscar.br/index.php/contemporanea/article/view/349/155. Acesso em: 4 mar. 2021.

RADIOVOX. **O começo do "Gabinete do Ódio"**: A primeira conversa entre Olavo de Carvalho com a família Bolsonaro. Canal de YouTube RADIOVOX,13 fev. 2014. Disponível em: https://www.youtube.com/watch?v=ZMpoOJ-NAzg. Acesso em: 28 jan. 2020.

RAGO, Margareth. O efeito-Foucault na historiografia brasileira. **Tempo Social – Rev. Sociol. USP**, S. Paulo, v. 7, n. 1-2, p. 67-82, out. 1995.

RUBIN, Gayle. **Thinking Sex:** Notes for a Radical Theory of the Politics of Sexuality (1984). First published in Carol S. Vance, ed., **Pleasure and Danger**: Exploring Female Sexuality, 1992.

RUBIN, Gayle. Pensando sobre sexo: notas para uma teoria radical da política da sexualidade. **Cadernos Pagu**, Campinas, Núcleo de Estudos de Gênero Pagu, n. 21, p. 1-88, 2003.

SAID, Edward. **Orientalismo**: o Oriente como invenção do Ocidente. 1. ed. Tradução de Rosaura Eichenberg. São Paulo: Companhia das Letras, 2007.

SALDAÑA, Paulo. Ministro da Educação defende fortalecimento de ensino superior particular. **Folha de São Paulo**, 6 jun. 2019. Disponível em: https://www1.folha. uol.com.br/educacao/2019/06/ministro-da-educacao-defende-fortalecimento--de-ensino-superior-particular.shtml. Acesso em: 9 jan. 2020.

SANTAELLA, Lucia. **A Pós-Verdade é verdadeira ou falsa?**. Barueri, SP: Estação das Letras e Cores, 2019.

SANTIROCCHI, Ítalo Domingos. Uma questão de revisão de conceitos: Romanização – Ultramontanismo – Reforma. **Temporalidades – Revista Discente do Programa de Pós-graduação em História da UFMG**, v. 2, n. 2, ago./dez. 2010. Disponível em: https://periodicos.ufmg.br/index.php/temporalidades/article/view/5387/pdf. Acesso em: 2 abr. 2021.

SCHWARCZ, Lilia Moritz. **Sobre o autoritarismo brasileiro**. 1. ed. São Paulo: Companhia das Letras, 2019.

SCOTT, Joan Wallach. Gênero como uma categoria útil de análise histórica. Revisão de Tomaz Tadeu da Silva. **Educação e Realidade**, Porto Alegre, v. 20, n. 2, p. 71-99, jul./dez. 1995.

SILVA, Amanda da; CÉSAR, Maria Rita de Assis. A emergência da "ideologia de gênero" no discurso católico. **InterMeio**: revista do Programa de Pós-Graduação em Educação, Campo Grande, MS, v. 23, n. 46, p. 193-213, jul./dez. 2017.

SILVEIRA, Emerson José Sena da. De dentro para fora: Igreja Católica, controvérsias, modernidade e ambivalências. **PLURA – Revista de Estudos de Religião**, v. 5, n. 2, p. 5-35, 2014. Disponível em: https://revistaplura.emnuvens.com.br/plura/article/view/817/pdf_110. Acesso em: 3 mar. 2021.

SOCIEDADE BRASILEIRA DE DEFESA DA TRADIÇÃO, FAMÍLIA E PROPRIEDADE. **Há 110 anos marcando a História**. Disponível em: https://www.tfp.org.br/dr-plinio/principios-e-pensamentos/ha-110-anos-marcando-a-historia/. Acesso em 2 maio 2021.

SPIVAK, Gayatri Chakravorty. **Pode o subalterno falar?**. Tradução de Sandra Regina Goulart Almeida, Marcos Pereira Feitoso e André Pereira Feitosa. Belo Horizonte: Editora UFMG, 2010.

STRATHERN, Marilyn. Necessidade de pais, necessidade de mães. **Revista Estudos Feministas**, Universidade Federal de Santa Catarina, v. 3, n. 2, p. 303-329, 1995.

TEITELBAUM, Benjamin R. **Guerra pela Eternidade**: o retorno do Tradicionalismo e a ascensão da direita populista. Tradução de Cynthia Costa. Campinas, SP: Editora da Unicamp, 2020.

THE INTERCEPT BRASIL. **Bolsonaro faz discurso de ódio no Clube Hebraica**. Canal De YouTube The Intercept Brasil, 5 abr. 2017. Disponível em: https://www.youtube.com/watch?v=zSTdTjsio5g. Acesso em: 11 jun. 2021.

THE NEW YORK TIMES. The Weekly: Down the Rabbit Hole. Producers/Directors: Gemma Jordan and Alyse Shorland. **The New York Times**, 2019. Disponível em: https://www.nytimes.com/2019/08/09/the-weekly/what-is-youtube-pushing-you-to-watch-next.html. Acesso em: 28 abr. 2020.

UNIVERSIDADES têm semana turbulenta após eleição de Bolsonaro. **Exame**, 2 nov. 2018. Disponível em: https://exame.com/brasil/universidades-tem-semana--turbulenta-apos-eleicao-de-bolsonaro/. Acesso em: 2 nov. 2018.

UFPR Litoral faz manifestação pela diversidade. **Correio do Litoral**, 11 jul. 2017. Disponível em: https://www.correiodolitoral.com/9932/ufpr-litoral-faz-mani-festacao-pela-diversidade/. Acesso em: 30 jul. 2017.

VARGAS, Mateus. Bolsonaro diz que jornalistas são 'raça em extinção' e que ler jornal 'envenena'. **O Estado de S. Paulo**, São Paulo, 6 jan. 2020. Disponível em: https://politica.estadao.com.br/noticias/geral,bolsonaro-diz-que-jornalistas-sao--raca-em-extincao-e-que-ler-jornal-envenena,70003146190. Aceso em: 6 jan. 2020.

VARGAS, Mateus. Guedes: Fies bancou "filho de porteiro que zerou vestibular". **Terra**, 29 abr. 2021. Disponível em: https://www.terra.com.br/noticias/educacao/ guedes-fies-bancou-filho-de-porteiro-que-zerou vestibular,2c75933fb397c31c-01f97123ca7e4411bs7y7meu.html#social-comments. Acesso: 4 jun. 2021.

VEJAPONTOCOM. **Na íntegra: Bolsonaro faz discurso à nação.** Canal de YouTube Vejapontocom, 01 jan. 2019. Disponível em: https://www.youtube.com/ watch?v=IwcF1MFR7Is. Acesso: 12 ago. 219.

ZANOTTO, Gisele. **Tradição, Família e Propriedade (TFP)**: as idiossincrasias de um movimento católico (1960-1995). Tese (Doutorado em História Cultural) – Universidade Federal de Santa Catarina, Florianópolis, 2007.

# ÍNDICE REMISSIVO

## A

África; Africano; Africanos 107, 108
Alemanha 95
Autonomia 66, 67, 70, 115, 116, 124
Autoritarismo 22, 39, 72, 79, 89, 106, 119, 120
Analfabetismo 32, 49, 54, 56
Aparecimento 19-21, 28, 39, 69
Armas 87, 109, 134
Arma 86, 115
Armado 132

## B

Bolsonarismo 73-77, 84, 85, 100
Brasil 17, 18, 20, 23, 32, 38, 45, 48-50, 52-57, 60, 65, 66, 71, 72, 76-79, 81, 83-90, 100, 106, 108, 110, 111, 115, 122, 126-130, 132
Bruxas 126, 131

## C

Colapso 18, 27, 74, 94, 109, 123
Columbine 132
Cinismo 39
Castas 26, 74, 103, 134, 135
Casamento 77, 87, 88
Comunismo 63, 64, 70, 76-78, 90, 91, 101, 117, 122, 125, 134
Comunista 62-66, 69-72, 80, 81, 90, 124
Cruzada 131
Cruzadistas 131
Crise 17, 23, 24, 27, 30, 35-37, 39-42, 45, 47-49, 59, 78, 79, 120, 125, 127, 130, 135
Crise democrática 23, 24, 30, 39-42, 45, 48,59
Constituição 20, 42, 49, 50, 62, 99
Candidato 44, 73, 77, 127-129, 132
Cismática; Cismáticos 81, 90, 89, 120
Classe social 59, 60, 66

## D

Desdemocratização 32
Degradação 52, 60, 62, 64, 92, 93, 99, 127, 135
Discípulos 83, 89, 134
Decadência 21, 74, 75, 99, 127
Doutores 128
Doutorado 31, 53
Discriminação 17, 20, 62, 78, 89, 135
Desinformação 37
Deus 77, 82-85, 92-101, 107, 114, 116, 122, 123, 130
Direitos humanos 76, 91, 132, 136
Discursos 21, 24, 28, 29, 31, 32, 36, 37, 48, 56, 58, 72, 74, 79, 82, 85, 91, 105, 112, 119, 121, 122
Discursivo 18, 21, 25, 28, 50, 94, 119, 129

## E

Educação básica 20, 30, 49-51, 60, 126

Evangélicos 76, 85, 98, 99, 125

Eleições 30, 45, 76, 77, 82, 125, 130-132

Eleitoral 87, 97

Estudos de gênero 36, 83, 117

Elite 49, 50, 52, 56-61, 69, 71, 82, 100, 107, 136

Escravidão 107, 108

Estados Unidos 38, 78, 81, 94, 100

Estadunidense 21, 83, 94, 101, 103

Estado Islâmico; Islamismo 103, 122

Escolástica 115

## G

Guerra Cultural 18, 39, 62-64, 73, 100, 101, 109, 115, 117, 118, 129, 131, 134

Genealogia 32, 83, 88

Gênero 29, 36, 58, 80, 83, 99, 101, 103, 105, 109, 113-115, 117-121, 123-126, 130

Guerreiro 101, 109, 131

Gladiadores 101

Governamentalidade 41

## F

Feminismo 83, 117, 119, 128, 131

Feminista 37, 117, 127, 131

Fake news 37, 40, 47, 77

Farsa 96

Fanatismo 32, 48, 73, 77, 79, 84, 85, 89, 93, 94, 97, 99, 100, 105, 116, 118, 123, 133

Família 63-65, 77, 78, 80, 82, 83, 87, 107, 117, 120, 122-124, 130

Filosofia 74, 93, 101

Forças Armadas 77, 109, 111

França 78, 90

## H

Homossexuais 78, 100, 135

Homoafetivo 87

## I

Imbrochável 112
Integralismo 23, 78
Impostos 46, 52, 56, 58, 60, 100, 101
Imprensa 26, 35, 40, 42, 44-46, 48, 56, 59, 63, 79, 85, 87, 88, 100, 110, 111, 134
Impeachment 127
Ideologia de gênero 80, 120, 121, 124, 125, 130
Igreja 62, 80-82, 88-94, 120, 124
Idade Média 131, 133
Itália 78, 90, 101
Israel 26
Influencer 29, 65, 66, 134

## J

Jornalismo 37, 40, 45, 46, 48, 56
Judaico-cristão 109
Judeus 95
Judith Butler 19, 69, 121, 130, 131, 137

## K

Kali-Yuga 74, 134, 135, 137

## L

LGBTI 17, 37, 120, 131
LGBTI+ 17, 120, 131
Lendas 131

## M

Marxismo 62-65, 71, 117

Monarquia 86, 87

Monarquismo 87

Moralidade 75, 114, 120, 127, 133

Migrantes 17, 131

Militares 77, 112

Militar 56, 63, 66, 68, 71, 78-81, 110, 112, 130

Mentira 39, 56, 67, 68, 93

Mandonismo 79

Mitologia 106

Medo 36, 68, 117, 118

Mercado 20, 30, 50, 59, 100, 114, 133

Machismo 116

Medieval 101, 115, 131

Modernidade
35, 62, 81, 82, 85, 90, 93, 94, 104, 150, 115, 120, 125, 135, 136

Moderno 85, 89, 94, 96, 98, 105, 108, 120, 133, 135, 136

Massas 26, 27, 48, 63, 77, 78, 105, 123, 135-137

## N

Negras; Negro 17, 20, 49, 107, 127, 128, 131, 132, 135

Neoconservadorismo 23

Neocruzadistas 131

Nazismo 36, 57, 63, 81, 89, 103, 133, 135

Neonazismo 23, 26, 31

Niilismo 44, 57, 96, 97

Neoliberalismo 32, 36, 44, 75

Neopentecostal 24, 77, 99

Nocividade 18, 32, 62

Nordestinas 131

Nacionalismo 85

## O

Ocidental 60, 82, 98, 99, 101, 104-107, 109, 114, 115, 121
Ocidente 27, 81, 83, 103-108, 131, 135
Oriente 103, 104, 108
Orientalismo 103
Ódio 21, 31, 36, 62, 64, 117, 130

## P

Perenialismo 23, 74, 83, 93
Pânico moral 32, 80, 99, 101, 103, 117, 119-125, 132
Polemista 129, 130, 132
Polemismo 129
Propaganda 31, 77-79, 117
Pandemia 46, 53, 79, 87, 111, 113
Polarização 41-45, 47
Políticas públicas 17, 124
Papa 89, 120
Precariedade 19-22, 27, 28, 31, 32, 35, 39, 44, 49, 60, 61, 69, 96, 110, 126, 128, 137
Pureza 104, 106, 125, 135
Pura 18, 136
Protestante 94, 98
Patriotismo 82
Pedagogia 66-71, 133
Pênis 110-112
Performatividade 19, 38, 42, 43, 45, 99, 118
Povo 18, 19, 38, 39, 49, 50, 57, 58, 61, 71, 78, 82-84, 86, 98, 100, 103, 104, 106, 109-111, 128, 136
Prótese 109, 112

## R

Raça 27, 103-106, 109
Racial 104-106
Racismo 79, 106, 128, 134
Racionalidade 32, 97
Regime de verdade 26, 30, 31, 37, 105
Ressentimento 26, 48, 56, 60, 77, 80, 90, 92, 97, 100, 113, 137
Reforma 87, 94, 98
Ralé 86
Reacionário 25-27, 56, 59, 70, 71, 73, 75, 81, 88, 94, 96, 117, 119
Relações de poder 19, 20, 37, 38, 43, 59, 69, 108, 113, 119

## T

TFP 78-84, 87, 88, 90
Teologia da Libertação 69, 91
Totalitarismo 23
Tradicionalismo 23, 62, 79, 82-84, 88, 93, 97, 103, 105, 133, 135-137
Tridentino 89
Tradicionalistas 76, 83-85, 88-92, 94, 98-100, 105, 117, 120, 125, 137
Texas 40, 45, 48
Totêmica 112
Totens 116
Transexuais 17, 121, 135

## V

Virilidade 101, 109, 111, 112, 114, 116, 118, 123, 133
Vulnerabilidade 19-21, 27, 59, 69, 70, 137
Vaticano 81, 82, 89-92, 119, 120
Viagra 112

## S

Sexualidade 99, 101, 105, 109, 113, 116-124
Saúde 91, 110-112, 129
Secular 84, 93, 97, 99
Secularismo 120
Sexo 51, 101, 113-117, 122

## U

UFPR 127-129, 131
UFPR Litoral 127, 129, 131
UnB 131, 132
Universidade Mackenzie 132